“ධම්මෝ හි වාසෙට්ඨා, සෙට්ඨෝ ජනේතස්මිං
දිට්ඨේ චේව ධම්මේ, අභිසම්පරායේ ච.”

වාසෙට්ඨයෙනි, මෙලොවෙහි ත්, පරලොවෙහි ත්
ජනයා අතර ධර්මය ම ශ්‍රේෂ්ඨ වෙයි !

- අග්ගඤ්ඤ සූත්‍රය - භාග්‍යවත් බුදුරජාණන් වහන්සේ

අලුත් දහම් වැඩසටහන - 10

පඤ්ච උපාදානස්කන්ධය

පූජ්‍ය කිරිබත්ගොඩ ඤාණානන්ද ස්වාමීන් වහන්සේ

ISBN : 978-955-687-081-7

ප්‍රථම මුද්‍රණය : ශ්‍රී බු.ව. 2559 ක් වූ බක් මස පුන් පොහෝ දින

සම්පාදනය : මහමෙව්නාව භාවනා අසපුව
වඩුවාව, යටිගල්ඔළුව, පොල්ගහවෙල.
දුර : 037 2244602
info@mahamevnawa.lk | www.mahamevnawa.lk

පරිගණක අකුරු සැකසුම, පිටකවර නිර්මාණය සහ ප්‍රකාශනය :
මහාමේඝ ප්‍රකාශකයෝ
වඩුවාව, යටිගල්ඔළුව, පොල්ගහවෙල.
දුර : 037 2053300, 076 8255703
mahameghapublishers@gmail.com

මුද්‍රණය : ලීඩ්ස් ග්‍රැෆික්ස් (පුද්.) සමාගම,
අංක 356 E, පන්නිපිටිය පාර, තලවතුගොඩ.

පඤ්ච උපාදානස්කන්ධය

අලුත් දහම් වැඩසටහන
10

පූජ්‍ය කිරිබත්ගොඩ ඥාණානන්ද ස්වාමීන් වහන්සේ
විසින් පොල්ගහවෙල මහමෙව්නාව භාවනා අසපුවේ අලුත් දහම් වැඩසටහනේ දී සිදු කළ ධර්ම දේශනා ඇසුරිනි.

මහාමේඝ
MAHAMEGHA
ප්‍රකාශනයකි

පෙළගැස්ම....

නමෝ තස්ස භගවතෝ අරහතෝ සම්මාසම්බුද්ධස්ස
ඒ භාග්‍යවත් අර්හත් සම්මා සම්බුදුරජාණන් වහන්සේට නමස්කාර වේවා!

උදේ වරුවේ ධර්ම දේශනය...

ශ්‍රද්ධාවන්ත පින්වත්නි,

අපි මේ අලුත් දහම් වැඩසටහනේදී මාස කීපයක් ම පටිච්ච සමුප්පාද ධර්මය ගැන විස්තර වශයෙන් ඉගෙන ගත්තා. බුදුරජාණන් වහන්සේ දේශනා කරලා තියෙනවා **'යෝ පටිච්චසමුප්පාදං පස්සති, සෝ ධම්මං පස්සති'** යම්කිසි කෙනෙක් පටිච්ච සමුප්පාද ධර්මය දකිනවා නම්, ඒ කෙනා ධර්මය දකිනවා. **'යෝ ධම්මං පස්සති, සෝ මං පස්සති'** යම්කිසි කෙනෙක් ධර්මය දකිනවා නම් ඒ කෙනා බුදුරජාණන් වහන්සේව දකිනවා කියලා. බුදුරජාණන් වහන්සේගේ ධර්මය තුළ අපට ඉගෙන ගන්න තියෙන දේවල් අතර විශේෂ දෙයක් තමයි මේ පටිච්ච සමුප්පාදය ඉගෙන ගැනීම.

ඉතින් ඒ පටිච්ච සමුප්පාදය ඇසුරෙන් අපි උගන්වපු දේවල් ඔබට නැවත නැවත කියවීම පිණිස අපි පොඩි පොත් හැටියට සකස් කරලා තියෙනවා. ගිහි ජීවිතය ගත කරන අය හැටියට ඔබට ගෙවල් වල දහසක් කටයුතු තියෙනවා. නොයෙක් කරදර තියෙනවා.

නොයෙක් වගකීම් තියෙනවා. ඒ ඔක්කොම මැද්දෙන් තමන්ට ලැබෙන පුංචි වෙලාවක තමයි මේ ධර්මය පුරුදු කරගන්නත් තියෙන්නේ. පැවිද්දන්ට වගේ සම්පූර්ණ නිදහසක් ගිහි අයට නෑ.

පෙර කළ පින් ඇති බව....

ඉතින් මාසෙකට වතාවක් මෙහේට ඇවිල්ලා පොඩි කාලයක් තුළ තමන් මේ ඉගෙන ගන්න දේ තමන්ට තේරුම් ගන්න බැරිනම් මේ ගන්න උත්සහය අපතේ යනවා. ඇයි හේතුව මේ ගෙවල් දොරවල් වල ප්‍රශ්න මැද්දේ, අඹුදරුවන්ගේ ප්‍රශ්න මැද්දේ, රැකී රක්ෂා ප්‍රශ්න මැද්දේ, වෙනත් වෙනත් කරදර මැද්දේ තමයි යාන්තම් මේ බණ පොඩ්ඩක් අහගෙන තේරුම් ගන්න උත්සහයක් ගන්නේ. ඉතින් තමන්ට පෙර ආත්මේ තිබුනා නම් මේ ධර්මය අවබෝධ කිරීම පිණිස රැස්වෙච්ච මොකක්හරි ලොකු පින්බලයක්, තමන් ඒ සඳහා වීරිය කළොත් ඒක මතුවෙලා එනවා.

එහෙම නැතුව බණ ටිකක් අහපු පමණින් මේ දහම් කරුණු ඔළුවේ හිටින්නේ නෑ. තමන්ගේ ප්‍රශ්න තොගේ තමයි සම්පූර්ණයෙන්ම මතක් වෙවී තියෙන්නේ. අපි ගොඩක් සංවේදී වෙන්නේ තමන් මූණ දීපු ප්‍රශ්න වලට මිසක් ධර්මයට නෙමෙයි. තමන් වැඩිපුර සංවේදී වෙන්නේ යමකටද, ඒක තමයි හිතේ වැඩ කරන්නේ. එතකොට ධර්මය කොච්චර ඇහුවත් එයාගේ හිතේ හැමතිස්සේම වැඩකරන්නේ තමන් මූණ දීපු ප්‍රශ්න ගැනයි. තමන් මූණ දීපු ප්‍රශ්න යටපත් කරගෙන ධර්මය ඉස්සරහට ගන්න නම් එයාට තියෙන්න ඕනෙ සංසාරෙන් ගෙනාපු යම්කිසි පුණ්‍ය බලයක්.

කරදර මෙනෙහි කළාට හිත දියුණු වෙන්නෙ නෑ....

ඒ පුණ්‍ය බලය නොතිබුනොත් එයාට හැමතිස්සේම මතක් වෙවී තියෙන්නේ අර කරදර ගොඩ. ඒ කරදර වලට හිත දියුණු කරන්න බෑ. කරදර වලට පුළුවන් හිත පිරිහවා දාන්න. කරදර මෙනෙහි කරද්දි මෙනෙහි කරද්දි අපිට ඇතිවෙන්නේ ද්වේශයක් නම්, අසහනයක් නම්, පීඩාවක් නම්, වේදනාවක් නම්, අමනාපයක් නම් ඒකෙන් හිතක් දියුණු වෙන්නේ නෑ. හිතක් දියුණු වෙන්න නම් ඒවා අමතක වෙන්න ඕනෙ. අන්න එතකොට නම් ධර්මය මෙනෙහි කරගන්න පුළුවන්.

ඒ නිසයි මං ඔබට නිතර නිතර කියලා තියෙන්නේ මේකට දැඩි වීරියක් ගන්න වෙනවයි කියලා. සමහරවිට ඔබ හිතන්න පුලුවන් 'ආ... මම දැන් මේ වැඩසටහන් වලට ආවා. මං බණ අහගෙන හිටියා. දැන් මගේ ළඟ ඒ පොතුත් තියෙනවා. දැන් මං හරි' කියලා. නමුත් වැඩසටහන් වලට ආවා කියලා, බණ අහගෙන හිටියා කියලා, ළඟ පොත් තිබුනා කියලා කල්පනාවේ ඒක වැඩකරන්නේ නැත්නම් තමන්ගේ කිසි වෙනසක් වෙන්නෙ නෑ. ඒ වෙනස ඇතිවෙන්න නම් ධර්මය ම මෙනෙහි කරගන්න පුළුවන් වෙන්න ඕනෙ.

පටිච්ච සමුප්පාදය කියන්නේ සරල දෙයක් නෙමෙයි....

ධර්මය මෙනෙහි කරගන්න පුළුවන් වුනොත් නම් අන්න ටික ටික තමන්ට යාන්තම් හරි මේක තේරුම් ගන්න පුළුවන් වෙයි. මොකද පටිච්ච සමුප්පාදය කියලා

කියන්නේ සරල දෙයක් නෙමෙයි. ඉතාමත් ම ගැඹුරු දෙයක්. පටිච්ච සමුප්පාදය හරියට නිවැරදිව පැහැදිලිව තේරුම් ගත්තොත් එයාට ඉතුරු ධර්මය තේරුම් ගන්න අවස්ථාව එනවා. පටිච්ච සමුප්පාදය පැටලිලි සහගත නම්, අපැහැදිලි නම් අනිත් ඒවා ඉගෙන ගත්තා කියලා හිතේ වැටහීමක් ඇති කරන්නෙ නෑ. ඒක නිසා තමයි මං මාස අටක් දහයක් තිස්සේ එක දිගට මේ පටිච්ච සමුප්පාදය ගැනම කියාදෙන්න මහන්සි ගත්තේ.

ඒ පටිච්ච සමුප්පාදය ඉගෙන ගත්තු කෙනා යම්කිසි උත්සහයක් ගන්න ඕනෙ ඒ විදිහට පටිච්ච සමුප්පාදය මෙනෙහි කිරීමට. නැත්නම් ඔබ මේ වැඩසටහන් වලට ආවා කියලා, මේ කියන බණ අහගෙන හිටියා කියලා ඔබට මේ සාමාන්‍යයෙන් කල්පනා කරන රටාවෙන් ඔබ්බට යන්න බැරිවෙනවා. ගිහි ජීවිතය තුළ අපේ හිත නොයෙක් ප්‍රශ්න වලට පැටලිලා යනකොට අපිට සිහිය තියෙන්න ඕනෙ 'මේ අනවශ්‍ය ප්‍රශ්නයක නේද මං මේ පැටලි පැටලි ඉන්නේ..... මේ ප්‍රශ්නය මට අදාළ නෑ නේද....? මොනවටද මං මේවා ගැන කල්පනා කර කර ඉන්නේ......?' කියලා තේරුම් ගැනීමට.

පුරුදු රටාව අත්හරින්න....

ළාමක දේවල් මෙනෙහි කර කර ඉන්න එකේ අවාසිය තේරුම් ගන්න තමන්ට අවශ්‍යතාවයක් තියෙන්න ඕනෙ. ඒ අවාසිය තේරුම් ගත්තොත් තමන් ඒ කෙරෙහි කළකිරෙනවා. කළකිරුනට පස්සේ ඒක අතඅරිනවා. කළකිරෙන්නෙ නැතුව ඒ පුරුදු කරපු රටාව අතඅරින්නෙ නෑ. මොකද අපේ හිත පුරුදු වෙලා තියෙන්නේ නිදා ගන්න ගියත්, එළවළුවක් කපන්න ගියත්, ගෙයක් දොරක්

අතුගාන්න ගියත්, වෙන වැඩක් කරන්න ගියත් ඒ පුරුදු කරපු රටාවේම මෙනෙහි කර කර ඉන්නයි.

එබඳු සිතක් මේ ධර්මය පොඩ්ඩක් ඉගෙන ගත්ත පමණින් වෙනස් වෙයිද? එහෙම වෙනස් වෙන්නෙ නෑ. අපි බලාපොරොත්තු වෙනවා ධර්මය ඉගෙන ගත්තු පමණින් මේ හිත වෙනස් වෙලා අපිට ධර්මයේ හැසිරෙන්න අවශ්‍ය විදිහට මේ හිත සකස් වෙයි කියලා. එහෙම හරියන හිතක් නෙමෙයි මේ හිත. සෑහෙන කාලයක් තිස්සේ අපිව අධර්මයේ යොදවපු සිතක් මේ තියෙන්නේ. කෙලෙස් වල යොදවපු සිතක් තියෙන්නේ. නොමගෙහි යොදවපු සිතක් තියෙන්නේ. අවිද්‍යා සහගත වැඩපිළිවෙළක යොදවපු සිතක් තියෙන්නේ.

පින්බලය වැඩිකර ගන්න....

මේ ආත්මේ විතරක් නෙමෙයි. පෙරේතයෝ වෙලා, සත්තු වෙලා, නිරයේ ගිහින් සංසාරේ අතිදීර්ඝ කාලයක් පුරුදු වෙලා, පුරුදු වෙලා ඒ පුරුද්ද අටුවන් බැහැලා තියෙන්නේ. මේ බණ පොඩ්ඩක් අහපු ගමන් එකපාරට ඒ පුරුද්ද මේ හිතෙන් ගැලවිලා යන්නෙ නෑ. අන්න ඒ නිසා තමයි අපි කිව්වේ පිනම බලවත් කරගන්න කියලා. කේන්ති ගන්නෙ නැතුව, මෛත්‍රියෙන් ඉන්න උත්සාහ ගන්න කියලා. ඉරිසියා කරන්නෙ නැතුව, පළිගන්නෙ නැතුව, ක්‍රෝධ කරන්නෙ නැතුව ඉන්න කියලා. පුළුවන් හැටියට දානමානාදී පින්කම් කරන්න කියලා. අනුන්ගේ දියුණුව දැකලා සතුටු වෙවී ඉන්න කියලා.

මේ වගේ දේවල් කිව්වේ අර පින්බලය වැඩි කරන්නයි. පින්බලය වැඩි වුනහම ඉගෙන ගන්න ධර්මය

මතක් කරගන්න එයාට අවස්ථාව තියෙනවා. නැත්නම් මේක හිතේ පිහිටන්නෙ නෑ. ඔබත් අහගෙන ඉඳියි, මමත් කියවයි, නමුත් පරණ පුරුද්ද ම අරගෙන යයි. ඒක වෙනස් වෙලා යන්න නම් අපි තමන්ගේ හිතට වෙන්නෙ මොකක්ද.... තමන් කල්පනා කරන්නෙ මොනවද.... මේ කල්පනා කරන ඒවා තමන්ගේ ධර්ම මාර්ගයට කොච්චර උදව් වෙනවද.... කියලා තමන්ම තමන් ගැන තෝරාබේරා ගන්න ඕනෙ.

මේ ස්වභාවය මත මං මැරුණොත්....?

ඒක පිටස්තරයෙක් කරන්නේ නෑ. දෙවියෙක් බඹෙක් ඇවිත් කියන්නෙත් නෑ. එහෙම ඒගොල්ලන්ට කරන්නත් බෑ. ඒක තමන්මයි තෝරගන්න ඕනෙ. තමන් ම බලන්න ඕනෙ තමන්ගේ හිතේ කොච්චර ඉරිසියාව තියෙනවද? කොච්චර පළිගැනීමකට ඇබ්බැහි වෙලාද? කොච්චර කෝප වෙන්න පුරුදු වෙලාද? ඇලෙන්න පුරුදු වෙලාද? මොන මොන දේවල් වලට ගිජු වෙලාද? කියලා තමන්ම තමන් ගැන හොය හොය තමන්ගේ හිතේ ක්‍රියාකාරීත්වය හඳුනගන්න ඕනෙ.

තමන් එහෙම හඳුනගත්තොත් අන්න කළකිරීමක් ඇතිවෙනවා 'අප්පේ.... මේ ස්වභාවය නේද මගේ මේ හිතේ තියෙන්නේ..... මේ ස්වභාවය මත මං කොහොමද ඊළඟ ජීවිතේ සුගතියක් බලාපොරොත්තු වෙන්නේ....? බැරිවෙලාවත් මේ ස්වභාවය මත මං මැරුණොත් මං පරණ ලෝකෙට ම යයි නේද....?' කියලා තමන්ම තමන් ගැන තෝරබේරා ගන්න ඕනෙ.

කාලයක් තිස්සේ අහලා තියෙන්නේ ඕපාදූප ගොඩක්....

අන්න එතකොටයි තමන් උත්සාහයක් ගන්නේ. එහෙම නැතුව මේ කාලේ ලේසියෙන් කෙනෙක් වීරියක් ගනියි කියලා හිතන්න අමාරුයි. මොකද වර්තමානයේ වීරිය ගන්න පරිසරයක් නෙමෙයි තියෙන්නේ. පරිසරය තියෙන්නේ තියෙන වීරියත් නැතිවෙලා යන්නයි. දැන් මේ ඔබට ඉගෙන ගන්න ලැබෙන ගැඹුරු දේවල් සාමාන්‍ය ලෝකෙ කථා වෙන්නේ නෑ. සාමාන්‍යයෙන් ගත්තොත් අපි ප්‍රවෘත්තියක් ඇහුවත් ඒකේ තියෙන්නේ ගැඹුරු දෙයක්ද? ඕපදූපද? අරයට මඩ ගහලා, මෙයාට මඩ ගහලා, අරයට ගරහලා, මෙයාට ගරහලා. මේවා නේද ප්‍රවෘත්ති වලට තියෙන්නේ? පත්තරයක් බැලුවත් තියෙන්නේ ඒවා.

ඕපදූප ගොඩක් තමයි කාලයක් තිස්සේ අහන්න පුරුදු වෙලා තියෙන්නේ. එබඳු රටාවක් තුළ හිත ගැඹුරු දේකට සුදුසු වෙන්නෙ නෑ. ගැඹුරු දෙයක් මෙනෙහි කරන්න සුදුසුකමක් ලබාගන්න නම් අපි හෙමින් හෙමින් බුදු කෙනෙකුගේ ධර්මයට ආසා කරන්න ඕනෙ. ඒ ආසාව නිසයි ඔබ මේ ඇවිල්ලා ඉන්නේ. මේ ධර්මයෙන් තමයි අපිට පිහිටක් ගන්න තියෙන්නේ කියන අදහස නිසා. අද අපි ගොඩක් ගැඹුරු දෙයක් ගැනයි කියාදෙන්න යන්නේ. ඒ තමයි විඤ්ඤාණය ගැන.

කරුණු තුනක එකතුවීම ස්පර්ශයයි....

මේ වෙද්දි ඔබ ඉගෙනගෙන තියෙනවා පටිච්ච සමුප්පාදයේ ස්පර්ශය ගැන. ස්පර්ශය කියන්නේ කරුණු

තුනක එකතු වීම. ඇහෙන් රූපයක් දකිද්දි කරුණු තුනක් එකතු වෙනවා. ඒ තමයි ඇසයි රූපයයි විඤ්ඤාණයයි. ඒකට කියන්නේ ඇසේ ස්පර්ශය කියලා. කනෙන් ශබ්දයක් අහද්දි කරුණු තුනක් එකතු වෙනවා. ඒ තමයි කනයි ශබ්දයයි විඤ්ඤාණයයි. ඒකට කියන්නේ කනේ ස්පර්ශය කියලා. ඊළඟට නාසයට ගඳසුවඳ දැනෙනකොට ඒ දෙකට තව එකක් එකතු වෙනවා. ඒ මොකක්ද? විඤ්ඤාණය. ඒකට කියන්නේ නාසයේ ස්පර්ශය කියලා.

දිවට රසයක් දැනෙනකොට කරුණු තුනක් එකතු වෙනවා. ඒ තමයි දිවයි රසයයි විඤ්ඤාණයයි. ඒකට කියනවා දිවේ ස්පර්ශය කියලා. කයට පහසක් දැනෙද්දි කරුණු තුනක් එකතු වෙනවා. ඒ තමයි කයයි පහසයි විඤ්ඤාණයයි. ඒකට කියන්නේ කයේ ස්පර්ශය කියලා. දැන් ඔබ වාඩිවෙලා ඉන්නකොට පොළවේ ස්පර්ශය ඔබට දැනෙනවා. ඊළඟට ඔබ ඇඳගෙන ඉන්න වස්ත්‍රයේ ස්පර්ශය ඇඟට දැනෙනවා. ඒ දැනෙන වෙලාවට තියෙන්නේ කයේ ස්පර්ශය. කයයි පහසයි විඤ්ඤාණයයි එකතු වෙලා.

ගඟක් මෙන් අරමුණු ගලන සිත....

ඒ වගේම අපි නොයෙක් දේවල් සිතන්න පුරුදු වෙලා ඉන්නවා. පුරුදු වෙලා පුරුදු වෙලා නිකම් ඉබේ හිතෙනවා වගේ තමයි අපිට තේරෙන්නේ. එක අරමුණක් අල්ලගෙන කල්පනා කර කර ඉන්නකොට ඔන්න ඒක නැතිවෙනවා. ඊටපස්සේ ආයෙ වෙන අරමුණක් අල්ලගෙන යනවා. ඔන්න ඒකත් නැතිවෙනවා. ආයෙ වෙන අරමුණක් අල්ලගෙන යනවා. ඔහොම නේද මේ හිතේ ස්වභාවය? එතකොට ඒ වෙලාවට හිතේ වැඩ

කරන්නේ මනසයි අරමුණුයි විඤ්ඤාණයයි. ඒකට කියනවා මනසේ ස්පර්ශය කියලා. මේ ස්පර්ශය හරියට තේරුනොත් තමයි විඤ්ඤාණයේ ක්‍රියාකාරීත්වය තෝර ගන්න පුළුවන් වෙන්නේ.

මොකද හේතුව ස්පර්ශ වෙච්චි තමයි මේ හැම එකක්ම වුනේ. ඇහෙන් රූප දකින එක, කනින් ශබ්ද අහන එක, නාසයෙන් ආඝ්‍රාණය කරන එක, දිවෙන් රස විඳින එක, කයින් පහස ලබන එක, සිතෙන් සිත සිතා ඉන්න ඒවා ඔක්කොම වුනේ කොහොමද? ස්පර්ශ වෙච්චි. නමුත් අපිට තේරුනේ මම දකිනවා, මම අහනවා, මම ගඳසුවඳ දැනගන්නවා, මම රස විඳිනවා, මම පහස ලබනවා. මම අරමුණු මෙනෙහි කරනවා කියලයි. අපි දැක්කේ මම කියලා එකක්. අපිට තාමත් මේ ස්පර්ශයක් කියලා තේරුනේ නෑනේ.

විඤ්ඤාණයේ මායාව....

තාමත් අපි මේක හිතාගෙන ඉන්නේ තමන් කියලා. නමුත් ඇත්තටම එතන සිද්ධ වුනේ මොකක්ද? ස්පර්ශයක් හටගැනීමයි. මේ ස්පර්ශය කොහොමද හටගන්නේ කියන එක වැටහුනොත් තමයි එතන ඉඳලා විඤ්ඤාණය ගැන අපට කතා කරන්න පුළුවන් වෙන්නේ. බුදුරජාණන් වහන්සේ විඤ්ඤාණයේ ක්‍රියාකාරීත්වය තේරුම් ගැනීමට උපමාවක් දේශනා කළා. මායාකාරයෙක් හතරමං හන්දියකට ගිහින් ජනයා රැස්කරලා ඒ ජනයාට මැජික් පෙන්නනවා. ඒ ජනයා හිතන්නේ මේ පේන ඔක්කෝම ඇත්ත කියලා. ජනයාට කවදාවත් මේක බොරුවක් කියලා පේන්නෙ නෑ.

අනික ඔබ දන්නවා සාමාන්‍යයෙන් මැජික් පෙන්වන්නේ ජනයාව ඉස්සරහින් තියාගෙන. එතකොට මැජික්කාරයා කරන දේවල් තුන්පැත්තකින් කාටවත් පේන්නේ නෑ. නමුත් මේ මායාකාරයා මැජික් පෙන්වන්නේ හතරමං හන්දියක ඉඳගෙනයි. හතර පැත්තෙන්ම මිනිස්සු. ඒත් ඒ සියලු දෙනාවම මුළා වෙන විදිහට මැජික් පෙන්වන්න මේ මායාකාරයා දක්ෂයි. බලන්න බුදුරජාණන් වහන්සේගේ මේ උපමාව. එතකොට විඤ්ඤාණය කියන්නේ එහෙනම් මොනතරම් මායාකාරී එකක්ද කියලා මේ උපමාවෙන් අපිට තේරුම් ගන්න පුළුවන්නේ.

මම කියලා කෙනෙක් නෑ....

ඇසේ ස්පර්ශය හටඅරන් අපට පේන දේවල් අපි හිතන්නේ ම ඇත්ත කියලා. කනේ ස්පර්ශය හටඅරන් අපිට ඇහෙන දේවල් අපි හිතන්නේ ම ඇත්ත කියලා. මේ විදිහට ස්පර්ශයෙන් අපිට පේන දේවල්, ඇහෙන දේවල්, ආඝ්‍රාණය කරන දේවල්, රස විඳින දේවල්, පහස ලබන දේවල්, ඊළඟට හිතෙන් මෙනෙහි කරන දේවල් ගැන අපට හිතුනේ මම දකිනවා, මම අහනවා, මට ගඳසුවඳ දැනෙනවා, මම රස විඳිනවා, මම පහස ලබනවා, මම හිතනවා කියලයි. අපිට කොහෙන් බැලුවත් ස්පර්ශය පෙනුනේ නෑ. අපිට පෙනුනේ යම්කිසි කෙනෙක් ඉඳගෙන මෙතන යමක් කරනවා කියලයි.

ඒ රටාවටම තමයි අපි ඔක්කොම හිතන්න කතා කරන්න පුරුදු වෙලා ඉන්නේ. ඒකෙන් බැහැරව කෙනෙක් කිව්වොත් මේකේ මම කියලා කෙනෙක් නෑ, මගේ කියලා දෙයක් නෑ, මගේ ආත්මය කියලා දෙයක් නෑ කියලා, අර අපි හිතන රටාවට ඒක විරුද්ධයි. ඒ නිසා කෙනෙක්

එකපාරට ම එහෙම ඇහුවා කියලා (බුදුරජාණන් වහන්සේ කෙරෙහි තියෙන පැහැදීමෙන් ඒක ඇහුවත්) හිතේ ඒක සනිටුහන් වෙන්නේ නෑ. මොකද හේතුව මම, මගේ, මගේ පැවැත්ම කියලා තමන් හිතේ පුරුදු කරපු එකක් තියෙනවා. ඒ පුරුදු කරපු එක සිඳබිඳගෙන යන්න බෑ.

සසරක ගමන - නවතන නුවණ....

ඒක සිඳබිඳගෙන යන්න නම්, බුදුරජාණන් වහන්සේ කියා දීපු රටාව පුරුදු කරන්න ඕනෙ. එහෙම පුරුදු කරනකොට කාලයක් යනකොට ඔන්න එයාට සිහිය වැඩෙනවා. ඊළඟට මේ ක්‍රියාවලිය සිද්ධ වෙන ආකාරය හොඳට තේරෙන්න ගන්නවා. එතකොට එයාට උත්සහය ඇතිවෙනවා. අන්න එතකොට තමන් තේරුම් ගන්නවා බුදුරජාණන් වහන්සේ මේ කියාදීපු කාරණය ඇත්තයි කියලා. එතකම් තේරෙන්නෙ නෑ. හැබැයි ඒක එකපාරට වෙන්නේ නෑ. කාලයක් තිස්සේ පුරුදු කරගෙන යන්න ඕනෙ.

ඉතින් මේ විඤ්ඤාණය කියන එක තනිව තියෙන එකක් නෙමෙයි. ඔබ කලින් වතාවේ ඉගෙන ගත්තා බුදුරජාණන් වහන්සේ දේශනා කරපු උපාදානස්කන්ධ පහක් ගැන. ඒ තමයි රූප උපාදානස්කන්ධය, වේදනා උපාදානස්කන්ධය, සඤ්ඤා උපාදානස්කන්ධය, සංස්කාර උපාදානස්කන්ධය, විඤ්ඤාණ උපාදානස්කන්ධය. උපාදාන කියලා කියන්නේ අපි ආසාවකින් බැඳිලා ඉන්නවා. අපි ආසාවකින් බැඳිලා ඉන්නවා තමන්ගේ රූපෙට. තමන්ගේ රූපෙ කියලා කිව්වේ තමන්ගේ කයට. තමන්ගේ කයට ආසාවකින් බැඳිලා හිටියහම ඒක රූප උපාදානස්කන්ධය.

මේකත් මගේ.... අරකත් මගේ....

තමන්ගේ කයට විතරක් නෙමෙයි එයා ආසාවෙන් බැඳිලා ඉන්නේ. බාහිර වූ සතර මහා භූතයන්ගෙන් හටගත්තු දේවල් වලටත් එයා බැඳිලා ඉන්නවා. බාහිරව තියෙන එයාගේ ඇඳුම් වලට, එක්කෝ ආභරණ වලට, නැත්නම් ලීබඩු වලට අසවල් දේ මගේ, අසවල් දේ මගේ කියලා එයා බැඳිලා ඉන්නවා. ඒ ඔක්කොම සතර මහා භූතයන්ගෙන් හටගත්තු දේවල්. ඊළඟට දුර තියෙන දේවල් වලටත් බැඳිලා ඉන්නවා. 'මගේ දරුවා අසවල් තැන ඉන්නවා. මගේ ස්වාමියා අසවල් තැන ඉන්නවා. මගේ බිරිඳ අසවල් තැන ඉන්නවා. මගේ ගෙයක් අසවල් තැන තියෙනවා. මගේ වාහනයක් අසවල් තැන තියෙනවා' කියලා මෙයා හිත හිත බැඳිලා ඉන්නවා. ළඟ තියෙන දේවල් වලටත් බැඳිලා ඉන්නවා. මේ විදිහට නොයෙක් ආකාරයෙන් එයා බැඳිලා ඉන්නවා. ඒකට කියනවා රූප උපාදානස්කන්ධය කියලා.

ස්පර්ශයක් නොතිබුනොත් විඳීමක් නෑ....

රූපය ගැන වුනත් අපට ස්පර්ශයකින් තොරව දැනගන්න පිළිවෙළක් නෑ. ඒ කියන්නේ අපි ඇහෙන් යමක් දකින්න නම් ඇහේ ස්පර්ශයක් ඇතිවෙන්න ඕනෙ. කනට යම්කිසි දෙයක් ඇහෙන්න නම් කනේ ස්පර්ශයක් ඇතිවෙන්න ඕනෙ. නාසයට යම්කිසි දෙයක් ආඝ්‍රාණය වෙන්න නම් නාසයේ ස්පර්ශයක් ඇතිවෙන්න ඕනෙ. දිවට යම්කිසි රසයක් දැනෙන්න නම් දිවේ ස්පර්ශයක් ඇතිවෙන්න ඕනෙ. කයට යම්කිසි පහසක් දැනෙන්න නම් කයේ ස්පර්ශයක් ඇතිවෙන්න ඕනෙ. මනසට

හිතෙන දේවල් තේරෙන්න නම් මනසේ ස්පර්ශයක් ඇතිවෙන්න ඕනෙ.

මේ ස්පර්ශය නිසා තමයි විඳීම හටගන්නේ. ස්පර්ශයක් නොතිබුනොත් විඳීමක් නෑ. අපි හිතමු කාලයක් තිස්සේ දැකපු නැති, අපට බොහොම හිතවත් කෙනෙක්ව හරි, නැත්නම් තමන් ආස කරපු දෙයක් අපට දකින්න ලැබෙනවා. දකිනකොට සතුටක් හටගන්නවා. ඒක හටගන්නේ ඇහේ ස්පර්ශයෙන්. තමන් කාලයක් අහපු නැති හොඳ දෙයක් අහන්න ලැබෙනවා. එතකොට සතුටක් හටගන්නවා. ඒක හටගන්නේ කනේ ස්පර්ශයෙන්. එකපාරට මිහිරි සුවඳක් නාසයට දැනෙනවා. එතකොට සතුටක් හටගන්නවා. ඒක සැප විඳීම. ඒක හටගන්නේ නාසයේ ස්පර්ශයෙන්.

සැප දුක් උපේක්ෂා විඳීම්....

තමන්ට කාලෙකින් කාපු නැති රසවත් කෑමක් කන්න ලැබෙනවා. ඒක අනුභව කරද්දි තමන්ට සතුටක් හටගන්නවා. ඒකට කියනවා දිවේ ස්පර්ශයෙන් හටගත්තු සැප විඳීම කියලා. ඔන්න තමන්ට සුවපහසු ආසනයක වාඩිවෙන්න ලැබෙනවා. වාඩිවෙච්ච ගමන් තමන්ට සතුටක් හටගන්නවා. එහෙම නැත්නම් අපි කියමු හොඳටම රස්නෙ වෙලාවක සීතල සුළඟක් ඇඟට වදිනවා. එතකොට සතුටක් හටගන්නවා 'ෂා... හරි සනීපයි' කියලා. ඒක මොකක්ද? කයේ ස්පර්ශයෙන් හටගත්තු සැප විඳීමක්. මනසින් තමන්ට සතුට ඇතිවෙන දෙයක් මෙනෙහි කරනවා. එතකොට සතුටක් හටගන්නවා. ඒකට කියන්නේ මනසේ ස්පර්ශයෙන් හටගන්න සැප විඳීම කියලයි.

මේ විදිහට ස්පර්ශය ප්‍රත්‍යයෙන් සැපත් හටගන්නවා. ස්පර්ශය ප්‍රත්‍යයෙන් දුකත් හටගන්නවා. ස්පර්ශය ප්‍රත්‍යයෙන් මධ්‍යස්ථ බවත් හටගන්නවා. ඒක අයිති වෙන්නේ වේදනා උපාදානස්කන්ධයට. අපි මුල ඉඳලම පුරුදු වෙලා ඉන්නේ මම දකිනවා, මම අහනවා, මම ගඳසුවඳ විඳිනවා, මම රස විඳිනවා, මම පහස ලබනවා, මම හිතනවා කියලා මෙනෙහි කර කර ඉන්නනේ. එහෙම ඉන්න කෙනාට තමයි අර වෙනස්කම ඇතිවෙන්නේ. එතකොට එයා ඉක්මනට ඒක ග්‍රහණය කරගන්නවා 'මේක මගේ සැපය... මේක මගේ දුක...' කියලා. උපේක්ෂාව එයාට හොයන්න බෑ. ඒකත් ග්‍රහණය කරගෙන ඉන්නේ.

හඳුනාගන්නේ යමක වර්ණය සහ හැඩය....

සැප වගේම දුකත් ග්‍රහණය කරගන්නවා 'අනේ මං මේ විඳින දුකක්' කියලා. ඔන්න කනට අහන්න ලැබෙනවා කවුරුහරි තමන්ට බැන්නාය, නින්දා කළාය, ගැරහුවාය කියලා. එතකොට තමන් කම්පා වෙනවා. එහෙම වෙන්නේ මොකද, මේ ස්පර්ශය මම කියලා ගන්න අපි පුරුදු වෙලා ඉන්න නිසා. දැන් අපි කතා කළේ වේදනා උපාදානස්කන්ධය ගැනයි. ඊළඟට සඤ්ඤා උපාදානස්කන්ධය. සඤ්ඤා කියන්නේ හඳුනාගැනීම. සඤ්ඤාව හටගන්නෙත් ස්පර්ශය ප්‍රත්‍යයෙන්. ස්පර්ශය ඇතිවුනාම තමයි ඒ ඒ ආයතනයන්ට අරමුණු වන දේවල් හඳුනගන්නේ.

ඇහේ ස්පර්ශයෙන් රූප හඳුනගන්නවා. කනේ ස්පර්ශයෙන් ශබ්ද හඳුනගන්නවා. නාසයේ ස්පර්ශයෙන් ගඳසුවඳ හඳුනගන්නවා. දිවේ ස්පර්ශයෙන් රස හඳුන

ගන්නවා. කයේ ස්පර්ශයෙන් පහස හඳුනාගන්නවා. මනසේ ස්පර්ශයෙන් සිතට සිතෙන දේවල් හඳුනගන්නවා. හඳුනගන්නවා කියලා අපි හඳුනගන්නේ මොනවද? වර්ණ සහ හැඩ. ඒ වර්ණය, හැඩය ඔස්සේ තමයි අපි ඔක්කොම හඳුනගන්නේ. ඊළඟට සංස්කාර උපාදානස්කන්ධය. සංස්කාර කියන්නේ මෙතන චේතනාවටයි.

වේදනා, සඤ්ඤා, චේතනා තුනම ස්පර්ශය ප්‍රත්‍යයෙන්....

දැන් ඔන්න ඔබ හිතන්න ඇහෙන් රූපයක් දකිනවා. ඇහෙන් රූපයක් දකින්න කරුණු තුනක් අවශ්‍ය වුනා. මොනවද ඒ කරුණු තුන? ඇසයි, රූපයයි, විඤ්ඤාණයයි එකතු වුනා. ඇසයි රූපයයි විඤ්ඤාණයයි එකතු වුනහම ඔන්න ඇසේ ස්පර්ශය හටගත්තා. ඇසේ ස්පර්ශය හටගත්තු ගමන් ඒ ස්පර්ශය නිසා විඳීමක් හටගත්තා. **ඵස්ස පච්චයා වේදනා.** අපි කියමු ඔන්න තමන්ගේ දරුවෙක් පිටරට හරි වෙනත් ඈත පළාතකට හරි ගිහිල්ලා සෑහෙන කාලෙකින් දකින්න ලැබිලා නෑ. ඉතින් කාලයක් තිස්සේ තමන්ගේ දරුවා දකින්න ආසාවෙන් මග බලාගෙන ඉන්නවා.

ඔන්න දවසක එකපාරට ම කෙනෙක් ඇවිල්ලා දොරට තට්ටු කරනවා. එතකොට එයා ගිහිල්ලා දොර අරිනවා. ඇරියහම පේන්නෙ තමන්ගේ දරුවා. එතකොට එයාට එකපාරටම ඇතිවෙන්නේ සැප විඳීමක්. ස්පර්ශය නිසා කරුණු තුනක් එකට හටගන්නවා. ඒ තමයි විඳීම, හඳුනාගැනීම, චේතනා පහළ කිරීම. ස්පර්ශයක් ඇතිවෙච්ච ගමන් මේ තුනම එකට සිද්ධ වෙනවා. එතකොට එකපාරට මෙයාට චේතනාවක් පහළ වෙනවා 'අනේ මේ මගේ

පුතානේ' කියලා. ඊටපස්සේ ඒ අම්මා මොකද කරන්නේ, දුවගෙන ගිහිල්ලා පුතාව වැලඳ ගන්නවා. පුතාව ඉඹින්න ගන්නවා 'අනේ පුතාව දැක්ක කල්' කියලා.

ආ... උඹ දැන් ද ආවේ....?

ඒ ඔක්කෝම ඇතිවෙන්නේ චේතනාවලින්. එහෙම නැත්නම් ඔන්න තමන්ගේ දරුවෙක් රට යනවා. ගිහිල්ලා වෙන ගෙදරකට සල්ලි එවනවා. දැන් ඔන්න ගෙදරට ඇවිල්ලා දොරට තට්ටු කරනවා. දොරට තට්ටු කරහම ඔන්න ගිහින් දොර අරිනවා. දැන් මේ අම්මා තරහෙන් ඉන්නේ පුතා ගැන. ඒ අම්මට පුතාව දැක්ක ගමන් අර තමන්ගේ හිතේ තිබිච්ච අමනාප ගතිය මතුවෙලා එනවා. එතකොට ඒ අම්මා 'ආ... උඹ දැන් ද ආවේ...? උඹට දැන් ද අම්මා කෙනෙක් ඉන්නවා කියලා මතක් වුනේ...? ඇයි උඹ ආවේ... උඹ අර පැත්තටම පලයං...' කියලා කියනවා. ඒ හැම දෙයක්මත් සිද්ධ වෙන්නේ චේතනාවෙන්. එහෙමනම් මේ තුනම එකට හටගන්නේ. මොකෙන්ද හටගන්නේ? ස්පර්ශයෙන්.

ස්පර්ශයෙන් විඳීම හටගන්නවා. ස්පර්ශයෙන් හඳුනා ගැනීම හටගන්නවා. ස්පර්ශයෙන් චේතනාව හටගන්නවා. එතකොට ස්පර්ශය තියෙන්නේ කුමක් තියෙන වෙලාවටද? ආධ්‍යාත්මික ආයතනයයි බාහිර ආයතනයයි විඤ්ඤාණයයි එකතු වෙවී තියෙන වෙලාවට. එහෙමනම් විඳීමක් හටගන්න කොටත් එතන විඤ්ඤාණය වැඩ කරනවා. සඤ්ඤාවක් ඇතිවෙනකොටත් එතන විඤ්ඤාණය වැඩකරනවා. චේතනාවක් ඇතිවෙනකොටත් එතන විඤ්ඤාණය වැඩ කරනවා. බුදුරජාණන් වහන්සේ වදාළා **චේතනාහං භික්ඛවේ කම්මං වදාමි.** චේතනාව තමයි කර්මය කියන්නේ.

බැසගත්තොත් නිදහස් නෑ....

චේතනාව හටගන්න කොට ස්පර්ශයත් එතන තියෙනවා. මොකද ස්පර්ශය ප්‍රත්‍යයෙන් නේ චේතනාව හටගන්නේ. එතන විඤ්ඤාණයත් තියෙනවා. ඊටපස්සේ කර්මය අනුව තමයි අර විඤ්ඤාණය වැඩ කරන්න ගන්නේ. විඤ්ඤාණය හැම තිස්සේ ම තියෙන්නේ මේවත් එක්ක වෙන්වෙලා නෙමෙයි. එකටයි තියෙන්නේ. ඒකයි මම ඔබට කිව්වේ අද ගැඹුරු දෙයක් උගන්නනවා කියලා. බුදුරජාණන් වහන්සේ දේශනා කරනවා උපය කියන සූත්‍රයේ "**උපයෝ භික්ඛවේ අවිමුත්තෝ.** මහණෙනි, බැසගෙන ඉන්න වෙලාවේ නිදහස් නෑ **අනුපයෝ විමුත්තෝ.** යමක බැසගෙන නැත්නම් නිදහස්" කියනවා.

ඊටපස්සේ උන්වහන්සේ දේශනා කරනවා "**රූපූපයං වා භික්ඛවේ විඤ්ඤාණං තිට්ඨමානං තිට්ඨෙය්‍ය.** මහණෙනි, විඤ්ඤාණය තිබුනොත් තිබෙන්නේ රූපයෙහි බැසගෙනයි. **රූපාරම්මණං.** රූපය අරමුනු කරගෙනයි. (එහෙනම් විඤ්ඤාණය තියෙන්නේ පඨවි, ආපෝ, තේජෝ, වායෝ කියන සතර මහා භූතයන්ගෙන් හටගත්තු දෙයක් අරමුණු කරගෙන) **රූපප්පතිට්ඨං.** රූපයෙහි පිහිටලා. **නන්දූපසේචනං** තෘෂ්ණාවෙන් තෙත් වෙවී **වුද්ධිං** වැඩෙනවා. **විරූළ්හිං** තවදුරටත් වැඩෙනවා. **වේපුල්ලං ආපජ්ජෙය්‍ය** විපුල බවට පත්වෙනවා.

ඉඩකඩම් බෙදීම....

අපි කියමු ඔන්න අම්මා කෙනෙකුට දරුවෝ දෙන්නෙක් ඉන්නවා. ඒ අම්මට තිබුනා ඉඩම් අක්කරයක්. ඒ ඉඩමේ එක පැත්තක තමයි ගේ තියෙන්නේ. අක්කරේ

දෙකට බෙදුවහම එක අක්කර භාගෙකට අර ගේ ආවා. අනිත් අක්කර භාගෙට ගෙයක් නෑ. දැන් ඔන්න අම්මා මේ දරුවෝ දෙන්නට මේ ඉඩම බෙදලා දෙන්න ඕනෙ. ගේ දෙකට බෙදන්න බෑනේ. ඉතින් අම්මා මොකද කරන්නේ, ගෙයක් නැති අක්කර භාගෙ වැඩිමලාට දෙනවා. ගේ තියෙන අක්කර භාගෙ කොටස බාලයාට දෙනවා. දීලා අම්මත් එතන නවතිනවා.

දැන් ඔන්න වැඩිමලා තමන්ට ලැබිච්ච අක්කර භාගෙ ගෙයක් හදාගත්තා. මෙතන අර බාලපුතයි ලේලියි අම්මයි කට්ටිය ඉන්නවා. අනිත් පැත්තේ ගෙදර වැඩිමල් පුතයි ලේලියි ඉන්නවා. ඒ ලේලි හැම තිස්සෙම කියනවා 'දැන් බලන්න අපිට ගෙයක් දුන්නෙ නෑනේ. අපිට මේ ඉඩම විතරනේ දුන්නේ. බලන්න අර අරයට එහෙමද දුන්නේ?' කියලා කියනවා. එහෙම කියනකොට අර පුතාට ටික ටික අම්මා ගැන ද්වේශයක් හටගන්නවා.

ඇයි මේ ගෙදර විතරක් ඉන්නේ....?

ඊටපස්සේ මොකද වෙන්නේ, බාල පුතාගේ ලේලිත් කියනවා 'ඇයි අපට විතරක්ද අම්මා දීලා තියෙන්නේ. ඇයි අම්මා අනිත් පුතාටත් දුන්නනේ. ඇයි මේ ගෙදර විතරක් ඉන්නේ. අර ගෙදරටත් ගිහිල්ලා ටික දවසක් ඉන්නකෝ' කියලා. දැන් අම්මා ලේලිගෙන් ඒකත් අහ අහ ඉන්නවා. එතකොට අම්මට හිතෙනවා කෝකටත් මං ඒ ගෙදර යන්න ඕනෙ කියලා. ඔන්න දැන් ඒ ගෙදරට ගිහිල්ලා දොරට තට්ටු කරනවා. දැන් ලොකු පුතා අම්මත් එක්ක තරහෙන් ඉන්නේ. ලොකු පුතා දොර ඇරපු ගමන් පේන්නේ අම්මව.

එතකොට පුතාගේ ඇහැයි, රූපයයි, විඤ්ඤාණයයි එකතු වෙලා ස්පර්ශය වුනේ කාවද? අම්මාගේ රූපය. පුතා අම්මව අඳුනගත්තා. ඒක විඳිනකොට පුතාට ඇතිවුනේ සතුටක් නෙමෙයි. එතකොට චේතනාවක් පහළ වුනා 'මේ අම්මා තමයි මේකේ වැරදිකාරි' කියලා. ඊටපස්සේ 'අම්මේ... මෙහේ එන්න එපා. එහා පැත්තට පලයං' කියනවා. ඒ පුතා චේතනාව පහළ කළේ කාට විරුද්ධවද? අම්මට විරුද්ධව. චේතනාව පහළ කරනකොට කුසලයක් ද හටගන්නේ අකුසලයක්ද? ඒ අකුසලයට අනුව අර විඤ්ඤාණය වැඩෙනවා.

අනේ... මං මේ ළමයිවද කිරි දීලා හැදුවේ....!

මේකේ ආත්මයක් නැති නිසා සිද්ධිය වුනාට පස්සේ තමන්ට ඒක පාලනය කරන්න බෑ. ඊටපස්සේ වෙන්නේ ඒ කර්මයට අනුරූප වූ විපාකයක් හැදෙනවා. එතකොට අම්මා කෑගහනවා කියමු 'එහෙම කියන්න එපා. මං ළමයි දෙන්නටම සමානව දුන්නේ. අර පොඩි එකා නිසයි මං එහෙම සැලකුවේ' කියලා. ඔන්න ලේලිත් එනවා එතනට. ලේලිත් බනිනවා. අම්මත් ලේලිට බනිනවා. එතකොට පුතා අම්මට කිව්වොත් 'අම්මේ.. ගුටි කන්නෙ නැතුව පලයං' කියලා.

එහෙම කියන දරුවෝ නැද්ද? ඉන්නවා. ඊටපස්සේ අම්මගේ හිත මහා වේදනාවකට පත්වෙන්නෙ නැද්ද? 'අනේ මං මේ ළමයිටද කිරි දීලා හැදුවේ.... මේ ළමයිද මගේ කුසේ මං තියාගෙන හිටියේ.... මේ ළමයිටද මං ඉඩකඩම් දුන්නේ...' කියලා අම්මා පසුතැවි තැවී හූල්ල හූල්ල එතනින් යන්නෙ නැද්ද? යනකොට අරගොල්ලෝ

සතුටට පත්වෙනවා දැන් ඔන්න අපි අම්මට පාඩමක් ඉගැන්නුවා කියලා. එතකොට අකුසල් රාශියක් හටඅරගෙන ඉවරයි.

සාලිය අසෝකමාලා....

ඔබ අහලා තියෙනවා නේද දුටුගැමුණු රජ්ජුරුවන්ගේ පුතෙක් හිටියා සාලිය කුමාරයා කියලා. මේ සාලිය කුමාරයා එක්තරා ගමකට යද්දි ඒ ගමේ අශෝක ගසක මල් කඩ කඩා හිටියා සැඩොල් කුලේ ගෑණු ළමයෙක්. සැඩොල් කුලේ වුනාට හරිම ලස්සනයි. දැකපු පමණින් ඒ අසෝකමාලාට මේ සාලිය කුමාරයා පැහැදුනා. පැහැදිලා එයාව කැන්දන් ගියා. මේ සාලිය කුමාරයයි අසෝකමාලායි පෙර ආත්මේ බොහෝම පින් කරපු දෙන්නෙක්. ඒ කියන්නේ පෙර ආත්මේ ස්වාමියයි බිරිඳයි හැටියට ඉඳගෙන රහතන් වහන්සේලාට දානමාන දීලා සෑහෙන්න පින් දහම් කර කර ඇවිල්ලා තියෙනවා.

ඔය අතරවාරේ ආත්මෙක ඒ අසෝකමාලා තමන්ගේ ගෙදර කට්ටිය එකතු වෙලා මහන්සි වෙලා මොකක්හරි වැඩක් කරලා හැමෝම පැත්තක වාඩිවෙලා ඉන්නවා. අම්මා කියලා තියෙනවා දුවට 'දුවේ... මට වතුර එකක් ගෙනත් දියං බොන්න' කියලා. එතකොට දුව කියලා තියෙනවා 'මට බෑ... අම්මට ඕන නම් ගිහිල්ලා වතුර එකක් බොන්න...' කියලා. එතකොට අම්මා 'මේකිගේ හැටි... මේකි තමන්ගේ අම්මට කතා කරන්නවත් දන්නෙ නෑ.... සැඩොලියක් වගේනේ මේකි කතා කරන්නේ...' කියලා බැනලා. එතකොට ඒ දුව 'මං ද සැඩොලි... අම්මනෙ සැඩොලි...' කියලා. ඒකේ විපාක හැටියට සැඩොල් කුලේ උපන්නා.

සැඩොල් ගමේ ප්‍රධානියාගේ දුව....

දැන් බලන්න කර්ම විපාකෙ අරන් ආපු හැටි. සැඩොලි කියලා කිව්වට පස්සේ සමහරවිට ඒ අම්මා මනසින් විසාල විදිහට කඩාගෙන වැටෙන්න ඇති. අද කාලේ අම්මලාට කොච්චර අපහාස කරලා බනිනවද සමහර දරුවෝ. ඉතින් ඒ අම්මා හිතේ ඒක ඉවසගෙන ඉන්න ඇති දරුවනේ මෙහෙම කිව්වේ කියලා. මළමිනී පුච්චන ඒවා, නගරයේ අතුපතු ගාන ඒවා, කැළි කසල සෝදන්න ඒවා කරන මිනිස්සුන්ට වාසය කරන්න පණ්ඩුකාභය රජ්ජුරුවෝ චණ්ඩාල ගමක් පිහිටෙව්වා.

ඒ චණ්ඩාල පරපුරෙන් ආපු ගමේ ගම් ප්‍රධානියාගේ දුව වෙලා තමයි අසෝකමාලා උපන්නේ. සංසාරේ එකට හිටපු පුරුද්ද නිසා සාලිය කුමාරයා මෙයාව බැන්දා. හැබැයි සාලිය කුමාරයාට රජකම ගන්න විදිහක් නෑ. රාජ්‍ය චාරිත්‍රය තමයි අභිෂේක ලබනකොට ක්ෂත්‍රිය කන්‍යාවක් තමයි අගමෙහෙසි තනතුරේ තියන්නේ. ක්ෂත්‍රිය කන්‍යාවක් අගමෙහෙසි තනතුරේ තියන්න නම් මෙයාව අත්අරින්න ඕනෙ. සාලිය කුමාරයා රජකම අතඇරියා.

කර්මානුරූපව සැකසෙන විඤ්ඤාණය....

දැන් අපි විඤ්ඤාණය ගැනයි කථා කර කර හිටියේ. චේතනා පහළ කරලා කර්ම කරන කොට ඊට අනුකූලව විඤ්ඤාණය වැඩෙනවා. ඊටපස්සේ අපි මැරෙනකොට අපේ ඒ විඤ්ඤාණය චුත වෙනවා. චුත වෙලා නැවත පිළිසිඳ ගන්නෙත් කර්මානුරූපව සකස් වුනු ඒ විඤ්ඤාණයමයි. දැන් ඔබට තේරුනාද

පංච උපාදානස්කන්ධය කියන්නේ මොකක්ද කියලා. බුදුරජාණන් වහන්සේ විස්තර කරනවා 'මහණෙනි, මේ විඤ්ඤාණය වැඩෙන්නේ රූපයේ බැසගෙනයි. රූපය අරමුණු කරගෙනයි. රූපයේ පිහිටලයි. ආශ්වාදයෙන් තෙත් කරමින් තමයි විඤ්ඤාණය වැඩෙන්නේ.

ඊළඟට විඤ්ඤාණය වැඩෙන්නේ විඳීමේ බැසගෙන. විඳීම අරමුණු කරගෙන. විඳීම පිහිට කරගෙන. ආශ්වාදයෙන් තෙත් කරමින් තමයි විඤ්ඤාණය වැඩෙන්නේ. ඊළඟට දේශනා කරනවා 'මහණෙනි, විඤ්ඤාණය තිබුනොත් තියෙන්නේ සඤ්ඤාව පිහිට කරගෙන, සඤ්ඤාවේ බැසගෙන, සඤ්ඤාව අරමුණු කරගෙන, ආශ්වාදය විඳිමින් තමයි විඤ්ඤාණය තියෙන්නේ. මහණෙනි, විඤ්ඤාණය තිබුනොත් තියෙන්නේ සංස්කාර පිහිට කරගෙන, සංස්කාර අරමුණු කරගෙන, සංස්කාරයේ බැසගෙන, ආශ්වාදයෙන් තෙත් වෙවී තමයි විඤ්ඤාණය වැඩෙන්නේ.

විඤ්ඤාණය පිහිටන තැන් හතර....

එහෙනම් විඤ්ඤාණය තිබුනොත් තියෙන්නේ කරුණු හතරක බැසගෙන. ඒ තමයි රූප, වේදනා, සඤ්ඤා, සංස්කාර. විඤ්ඤාණය තිබුනොත් තියෙන්නේ කරුණු හතරක් අරමුණු කරගෙන. ඒ තමයි රූප, වේදනා, සඤ්ඤා, සංස්කාර. විඤ්ඤාණය තිබුනොත් තියෙන්නේ කරුණු හතරක් පිහිට කරගෙන. ඒ තමයි රූප, වේදනා, සඤ්ඤා, සංස්කාර, විඤ්ඤාණ. එබඳු වූ ස්වභාවයෙන් යුක්ත විඤ්ඤාණයක් තමයි අපිට ඇහෙන් රූපයක් දකිද්දි හටගන්නේ. කනෙන් ශබ්දයක් අහද්දි හටගන්නේ. නාසයට ගඳසුවඳ ආඝ්‍රාණය වෙද්දි

හටගන්නේ. දිවට රසයක් දැනෙද්දි හටගන්නේ. කයට පහසක් දැනෙද්දි හටගන්නේ.

බුදුරජාණන් වහන්සේ ඊළඟට මේ දේශනාවේ විස්තර කරනවා "මහණෙනි, කවුරුහරි මෙහෙම කිව්වොත් 'රූපයෙන් තොරව, විඳීමෙන් තොරව, සඤ්ඤාවෙන් තොරව, සංස්කාරයෙන් තොරව, විඤ්ඤාණයක් එනවා කියලා හෝ යනවා කියලා හෝ චුත වෙනවා කියලා හෝ උපදිනවා කියලා හෝ අභිවෘද්ධියට පත්වෙනවා කියලා හෝ ඒක වෙන්න බැරි දෙයක් කියනවා. දැන් අපි කියනවා මනුස්සයෙක් මැරුණහම එයාගේ විඤ්ඤාණය චුත වුනා කියලා.

මේ පහ ම එකටයි තියෙන්නේ....

බුදුරජාණන් වහන්සේ වදාළා විඤ්ඤාණයක් චුත වෙන්නෙ නෑ රූපය නැතුව, වේදනාව නැතුව, සඤ්ඤාව නැතුව, සංස්කාර නැතුව. එහෙනම් විඤ්ඤාණයක් චුත වුනොත් චුත වෙන්නේ පංච උපාදානස්කන්ධයක් හැටියටයි. විඤ්ඤාණයක් ආවොත් එන්නේ පංච උපාදානස්කන්ධයක් හැටියටයි. විඤ්ඤාණයක් ගියොත් යන්නේ පංච උපාදානස්කන්ධයක් හැටියටයි. විඤ්ඤාණය වැඩුනොත් වැඩෙන්නේ පංච උපාදානස්කන්ධයක් හැටියටයි.

ඊළඟට බුදුරජාණන් වහන්සේ තවදුරටත් විස්තර කරනවා **රූපධාතුයා චේ භික්ඛවේ භික්ඛුනෝ රාගෝ පහීනෝ හෝති** මහණෙනි, යම්කිසි භික්ෂුවකට රූප ධාතුව ගැන රාගය නැතිවෙලා ගියාද, රූපය කෙරෙහි රාගය නැතිවෙලා ගියාද, **රාගස්ස පහානා වොච්ඡිජ්ජිතාරම්මණං**

රාගය ප්‍රහාණය වීමෙන් සසරේ පැවැත්මට තිබුණ අරමුණ සිඳී යනවා. දැන් බලන්න කොච්චර පැහැදිලිද කියලා මේක. එතකොට සසරේ පැවැත්මට අරමුණක් හැටියට තියෙන්නේ මොකක්ද? රූපය කෙරෙහි තියෙන ඇලීම. රාගය කියන්නේ ඇලීම. පඨවි ධාතු, ආපෝ ධාතු, තේජෝ ධාතු, වායෝ ධාතු කියන මේ සතර මහා භූතයන් කෙරෙහි සිත ඇලීම තමයි රූප රාග කියන්නේ.

පැවැත්ම පිණිස තියෙන අරමුණ සිඳිලා යනවා....

රූප ධාතුව කෙරෙහි රාගය නැතිවුනොත් පැවැත්ම පිණිස තියෙන අරමුණ සිඳිලා යනවා කියනවා. **පතිට්ඨා විඤ්ඤාණස්ස න හෝති** විඤ්ඤාණයට පිහිටන්න තැනක් නැතුව යනවා. ඊළඟට දේශනා කරනවා **වේදනා ධාතුයා චේ භික්ඛවේ භික්ඛුනෝ රාගෝ පහීනෝ හෝති.** මහණෙනි, මේ වේදනාව කියන ස්වභාවය කෙරෙහි භික්ෂුවගේ රාගය ප්‍රහාණය වුනොත්, **වොච්ඡිජ්ජති ආරම්මණං** සංසාරයේ පැවැත්මට තිබුණු අරමුණ සිඳිලා යනවා. දැන් අපි කලින් ඉගෙන ගත්තා විඤ්ඤාණය තිබුනොත් තියෙන්නේ රූප, වේදනා, සඤ්ඤා, සංස්කාර අරමුණු කරගෙනයි කියලා. එතකොට ඒ අරමුණු කරගෙන තියෙන දේවල් කෙරෙහි රාගය නැතිවුනහම ඒ විඤ්ඤාණයේ පැවැත්මට තියෙන අරමුණ නැතුව යනවා.

රූපය කෙරෙහි තියෙන රාගය නැතිවුනහම විඤ්ඤාණයට අරමුණක් නැතුව යනවා. වේදනාව කෙරෙහි තියෙන රාගය නැතිවුනහම විඤ්ඤාණයට අරමුණක් නැතුව යනවා. සඤ්ඤාව කෙරෙහි තියෙන

රාගය නැතිවුනහම විඤ්ඤාණයට අරමුණක් නැතුව යනවා. චේතනාව කෙරෙහි තියෙන රාගය නැතිවුනහම විඤ්ඤාණයට අරමුණක් නැතුව යනවා. නැතිවුනහම මොකද වෙන්නේ **පතිට්ඨා විඤ්ඤාණස්ස න හෝති** විඤ්ඤාණය පවතින්න තැනක් නෑ.

කිසිවක නොපිහිටි විඤ්ඤාණය....

තදප්පතිට්ඨිතං විඤ්ඤාණං අවිරූළ්හං විඤ්ඤාණය පවතින්න තැනක් නැත්නම් වැඩෙන්නෙ නෑ. **අනභිසංඛච්ච** උපතක් පිණිස සකස් වෙන්නෙ නෑ. **විමුත්තං** නිදහස් වෙනවා. **විමුත්තත්තා ඨිතං** නිදහස් වුන නිසා ඒක විමුක්තියේ පිහිටලා තියෙනවා. **ඨිතත්තා සන්තුසිතං** ඒ නිසා සතුටට පත්වෙලා තියෙනවා. **සන්තුසිතත්තා න පරිතස්සති** සතුටට පත්වෙලා නිසා එයාට තැති ගැනීමක් හටගන්නේ නෑ. **අපරිතස්සං පච්චත්තං යේව පරිනිබ්බායති** තැති ගැනීමක් නැති නිසා මෙලොවදීම පිරිනිවන් පානවා.

ඒ රහතන් වහන්සේ මේ විදිහට දැනගන්නවා. **ඛීණා ජාති** ඉපදීම නැති වුනා. **වුසිතං බ්‍රහ්මචරියං** බඹසර වාසය සම්පූර්ණ කළා. **කතං කරණීයං** කළයුත්ත කළා. **නාපරං ඉත්ථත්තායා'ති පජානාති.** නිවන පිණිස කළයුතු වෙන දෙයක් නෑ කියලා දැනගන්නවා. දැන් බලන්න රහත් වෙනවා කිව්වහම සාමාන්‍යයෙන් අපි එක එක ඒවා හිතාගෙන ඉන්නවනෙ. එක්කෝ සමාධියක්. එහෙම නැත්නම් මොකක්හරි වෙනත් අද්භූත දෙයක්. නමුත් රහත් වෙනවා කියලා කියන්නේ මේ පැවැත්මේ ක්‍රියාකාරීත්වය නැතිවෙලා යන එකටයි.

බීජ වර්ග පහක් තියෙනවා....

ඒ ක්‍රියාකාරීත්වය නැතිවෙන්නේ රාගය නැති වීමෙන්. ඒ රාගය නැතිවෙන්නේ ආර්ය අෂ්ටාංගික මාර්ගය සම්පූර්ණ වීමෙන්. ආර්ය අෂ්ටාංගික මාර්ගය සම්පූර්ණ කරන්නෙ නැතුව මේ රාගය දුරු කරන්න බෑ. ඊළඟට එතනම තවත් දේශනාවක් තියෙනවා බීජ සූත්‍රය කියලා. බුදුරජාණන් වහන්සේ එහිදී දේශනා කරනවා මහණෙනි, බීජ වර්ගය පහක් තියෙනවා. බීජ කියන්නේ පැළවෙන දේ. පළවෙනි එක තමයි **මූලබීජ.** මූලබීජ කියන්නේ මුල් වලින් පැළවෙනවා. මං අහලා තියෙනවා දෙල්ගස මුලෙන් පැළවෙනවා කියලා. කරපිංචත් මුලෙන් පැළවෙනවා. ඊළඟට **ඛන්ධ බීජ** කඳෙන් පැළවෙනවා. නුග ගස් එහෙම කඳෙන් පැළවෙන්නේ. ඊළඟට **ඵළු බීජ.** පුරුකෙන් පැළවෙනවා. උක්ගස් පුරුක කපලා හිටෙව්වහම පැළවෙනවා. **අග්ගබීජ** දල්ලෙන් පැළවෙනවා. මුකුණුවැන්න ආදී පොඩි පොඩි ගස් වර්ග දල්ලෙන් පැළවෙනවා. ඊළඟට **බීජබීජ.** ඇටවලින් පැළවෙනවා.

බීජය සාරවත් වුනත් වතුරයි පොළවයි නැත්නම්....

බුදුරජාණන් වහන්සේ විස්තර කරනවා 'මහණෙනි, මේ බීජ වර්ග පහ ම තැලිලා පොඩිවෙලා නැතුව, නරක් වෙලා නැතුව, අව්වට හුළඟට වේලිලා නැතුව, සාරවත් ව, හොඳට පැලවෙන ස්වභාවයෙන් යුතුව තියෙනවා. හැබැයි පොළවකුත් නැත්නම්, වතුරත් නැත්නම් ඒක පැළවෙන්නෙ නෑ' කියනවා. ඊළඟට දේශනා කරනවා 'මහණෙනි, ඔය බීජ වර්ග පහ තැලිලා, කුණුවෙලා,

අව්වට වේලිලා තියෙනවා. හැබැයි සාරවත් පොළවත් තියෙනවා. වතුරත් තියෙනවා. ඒත් පැළවෙන්නෙ නෑ. ඒ බීජය තැලිලා, අව්වට පිච්චිලා, නරක් වෙලා නිසා ඒකට පොළවේ සාරය ගන්න බෑ.'

එහෙනම් හොඳ සාරවත් බීජයත් තිබුනත් පොළවයි වතුරයි නැත්නම් ඒ බීජය මුල් ඇදලා වැඩෙන්නේ නෑ. හොඳ සාරවත් පොළවකුයි වතුරයි දෙකම තියෙනවා. නමුත් මේ හිටවගන්න හදන දේවල් නරක් වෙලා නම් ඒත් පැළවෙන්නෙ නෑ. ඊළඟට බුදුරජාණන් වහන්සේ දේශනා කරනවා. 'මහණෙනි, ඔය බීජ වර්ග පහම තියෙනවා තැලිලා නෑ. පොඩිවෙලා නෑ. වේලිලා නෑ. හොඳට තෙතට පැළවෙන ස්වභාවයෙන් තියෙනවා. පොළවයි වතුරත් තියෙනවා. එතකොට ඒ බීජ හිටවපු හිටවපු තැන පැළවෙනවා.

ආශ්වාදයෙන් ඇලෙන ස්වභාවය වතුර වගේ....

සෙය්‍යථාපි භික්ඛවේ පඨවි ධාතු, ඒවං චතස්සෝ විඤ්ඤාණට්ඨිතියෝ දට්ඨබ්බෝ. මහණෙනි, පොළව වගේ තමයි රූප, වේදනා, සඤ්ඤා, සංස්කාර කියන විඤ්ඤාණය පිහිටන තැන් හතර. **සෙය්‍යථාපි භික්ඛවේ ආපෝ ධාතු, ඒවං නන්දිරාගෝ දට්ඨබ්බෝ.** මහණෙනි, වතුර යම්සේද ආශ්වාදයෙන් ඇලීම හෙවත් නන්දිරාගය ඒ වගේ. නන්දි කියලා කියන්නේ ආශ්වාදය. රාගය කියන්නේ ඇලීම. ආශ්වාදයෙන් ඇලෙන ස්වභාවයට තමයි නන්දිරාගය කියන්නේ. ඒ ආශ්වාදයෙන් ඇලෙන ස්වභාවය බුදුරජාණන් වහන්සේ සමාන කරලා තියෙන්නේ වතුරට.

පොළවට සමාන කළේ රූප, වේදනා, සඤ්ඤා, සංස්කාර. පස්වැදෑරුම් බීජයන්ට සමාන කළේ **විඤ්ඤාණං සාහාරං** ආහාර සහිත විඤ්ඤාණය. ආහාර සහිත විඤ්ඤාණය කියන්නේ අවිද්‍යාවෙන් තෘෂ්ණාවෙන් යුක්ත වූ විඤ්ඤාණය. ඒ ආහාර සහිත විඤ්ඤාණය තමයි පෝෂණය ලබාගෙන, සකස් වෙවී, මැරෙනකොට එක එක ආත්මවල ගෙනියන්නේ. මේ ආත්මේ මනුස්සයෙක් වෙලා හිටිය එක්කෙනෙක් ඊළඟ ආත්මේ කුරුමිණියෙක් වෙන්න පුළුවන්. හූනෙක් වෙන්න පුළුවන්. පොඩි සතෙක් වෙන්න පුළුවන්. එහෙම නැත්නම් මළ පෙරේතයෙක් වෙන්නත් පුළුවන්.

නීච ස්වභාවයට පත්වන ජීවිත....

ඔය වගේ මේ ආත්මේ මනුස්සයෙක් වෙලා හිටපු එක්කෙනෙක් මැරුනට පස්සේ ගොඩාක් දුරට වෙන්නේ නීච ස්වභාවයට යන එක. ඒකට හේතුව එයා නීච ස්වභාවයක් පුරුදු කිරීම. නීච ස්වභාවයක් පුරුදු කරාම නීච ස්වභාවයට යනවා. උතුම් ස්වභාවයක් පුරුදු කරාම උතුම් ස්වභාවයට යනවා. අද කාලේ මනුස්සයා පුරුදු කරන්නේ උතුම් ස්වභාවයක් නෙමෙයි. බොහෝ විට පුරුදු කරන්නේ නීච ස්වභාවයක්. ඊළඟට බුදුරජාණන් වහන්සේ මේ සූත්‍රයේත් දේශනා කරනවා 'මහණෙනි, විඤ්ඤාණය තිබුනොත් තිබෙන්නේ රූපයෙහි බැසගෙනයි. රූපය අරමුණු කරගෙනයි. රූපයෙහි පිහිටලයි. ආශ්වාදයෙන් තෙත් කරමින් තමයි විඤ්ඤාණය වැඩෙන්නේ.

ඒ වගේ ම විඤ්ඤාණය තිබුනොත් තිබෙන්නේ වේදනාවේ බැසගෙනයි. වේදනාව අරමුණු කරගෙනයි. වේදනාවේ පිහිටලයි. නන්දිරාගයෙන් තෙත් කරමින්

තමයි මේ විඤ්ඤාණය වැඩෙන්නේ. එහෙනම් අපි තේරුම් ගන්න ඕනෙ විඤ්ඤාණය රූපයේත් පිහිටනවා, වේදනාවෙත් පිහිටනවා. සඤ්ඤාවෙත් පිහිටනවා. සංස්කාරෙත් පිහිටනවා. විඤ්ඤාණය මේ හතරේ පිහිටියට වැඩෙන්න නම් තව එක දෙයක් ඕනෙ. මොකක්ද ඒ? නන්දිරාගය.

ආහාර සහිත වූ විඤ්ඤාණය....

විඤ්ඤාණය රූපයේ, වේදනාවේ, සඤ්ඤාවේ, සංස්කාරයේ පිහිටියාට පස්සේ නන්දිරාගයෙන් තෙමෙනවා. නන්දිරාගයෙන් තෙමුනට පස්සේ ඒක හොඳ බීජයක්. එතකොට රූප, වේදනා, සඤ්ඤා, සංස්කාර නමැති සරුසාර පොළවක් තියෙනවා. නන්දිරාගය නමැති හොඳ තෙතක් තියෙනවා. කුණු වෙච්ච නැති සාරවත් බීජයක් තියෙනවා. ඒ තමයි ආහාර සහිත විඤ්ඤාණය. බුදුරජාණන් වහන්සේ දේශනා කරනවා යම්කිසි කෙනෙක් මේ ස්වභාවය තේරුම් අරගෙන රූප ධාතුව කෙරෙහි තියෙන රාගය දුරුකළොත් විඤ්ඤාණයේ පැවැත්මට තියෙන අරමුණ සිඳිලා යනවා.

රූප ධාතුව කෙරෙහි රාගය දුරුවෙන්න බුදුරජාණන් වහන්සේ වදාළ භාවනාව මොකක්ද? කායානුපස්සනාව. කායානුපස්සනාවට අයිති භාවනා මොනවද? ආනාපානසතිය, ඉරියාපථය, අසුභය, ධාතු මනසිකාරය, සතිසම්පජඤ්ඤය, නවසීවථිකය. මේ ඔක්කෝම භාවනා තියෙන්නේ රූප ධාතුවේ රාගය ප්‍රහාණය වීමටයි. රූප ධාතුව කෙරෙහි ඇති රාගය ප්‍රහාණය වීමේ ප්‍රතිපදාවේ යෙදෙන්නෙ නැත්නම් රූප ධාතුවේ රාගය වෙන්නෙ

නෑ. ඊළඟට වේදනා ධාතුවේ රාගය ප්‍රහාණය වීම පිණිස තමයි බුදුරජාණන් වහන්සේ මේ වේදනානුපස්සනාව ගැන දේශනා කළේ.

විපරීත වූ සඤ්ඤාව....

ඊළඟට සඤ්ඤාව. සඤ්ඤාව කෙරෙහි රාගය දුරුනොවී තියෙන්නේ සඤ්ඤා විපල්ලාසය (විපරීත වූ හඳුනාගැනීම) නිසයි. සඤ්ඤාවිපල්ලාස කියන්නේ අසුභයේ සුභ සඤ්ඤාව. ඒ කියන්නේ අසුභ දේ අපිට පේන්නේ සුභ දෙයක් හැටියට. අනිත්‍යයේ නිත්‍ය සඤ්ඤාව. අනිත්‍ය දේවල් අපිට පේන්නේ නිත්‍ය දේවල් හැටියට. ඊළඟට දුක්ඛේ සුඛ සඤ්ඤා. දුක් දේ අපිට පේන්නේ සැපක් හැටියට. ඊළඟට අනත්තේ අත්ත සඤ්ඤා. අනාත්ම දේවල් අපිට පේන්නේ ආත්මයක් (තමාගේ වසඟයේ පැවැත්විය හැකි) දෙයක් හැටියටයි.

මේ සඤ්ඤා විපල්ලාසය නිසා තමයි එක පාරට අපිට මේක සිඳ බිඳගෙන යන්න බැරි. දැන් අපි ගත්තොත් මේ ලෝකෙ තියෙන අමාරුම රස්සාවක් තමයි මළමිනී කපන එක. මළමිනී කපන එක්කෙනාට ප්‍රියජනක අරමුණක් නෙමෙයි හැම තිස්සේ ම දකින්න ලැබෙන්නේ. මළමිනිය ඔලුවේ ඉඳලා පහළට පලනවා, බොකුබඩවැල් ටික අයින් කරනවා, ඔලු කට්ට ගලවනවා, මොළේ අයින් කරනවා, උහුලන්න බැරි ගඳක් නාහෙට දැනෙනවා. නමුත් ඒ හේතුවෙන් එයාගේ රාගය ප්‍රහාණය වෙනවද? නැනේ. ඒ හේතුවෙන් එයාට කුසල් වැඩෙනවද? නැනේ. ඒ හේතුවෙන් එයා සංසාරයේ කළකිරෙනවද? නැහැනේ.

කළකිරෙන්න නම් හේතුඵල දහම ම මෙනෙහි කරන්න ඕනෙ....

සමහරවිට ඒ මිනියේ අතක මුද්දක් තිබුනොත් එයා හිමීට ඒ මුද්ද ගලවලා සාක්කුවේ දාගනියි. ඇයි ඔය සුනාමි කාලේ මළමිනී ගොඩගැහුවට පස්සේ කොටසක් පොර කෑවා අතපය කප කප මාල, වළලු, චේන් අරගන්න. ඉතින් ඒ මිනිස්සු ඒ ඉදිමිලා, සැරව ගල ගල තිබ්ච්ච මළමිනී දැක්කා කියලා කළකිරුනේ නෑනේ. එහෙනම් කළකිරෙන්න නම් බුදුරජාණන් වහන්සේ දේශනා කොට වදාළ ක්‍රමයෙන්ම මෙනෙහි කරන්න ඕනෙ. කෙනෙක් අසුභ භාවනාව වුනත් නිරන්තරයෙන් කළා කියලා එකපාරටම කළකිරෙන්නෙ නෑ. කළකිරෙන්න නම් එයා පටිච්ච සමුප්පාදය ම මෙනෙහි කරන්න ඕනෙ.

මේක හේතුඵල දහමට අයිති දෙයක් ම කියලා වැටහෙන්න ඕනෙ. එහෙම වැටහුනාමයි කළකිරීමක් ඇතිවෙන්නේ. ඔබ අහලා ඇති බුද්ධ කාලේ එක සිටුදුවක් හිටියා පොඩිකාලේ සෝවාන් වෙච්ච. දවසක් මේ සිටුදුව උඩුමහලේ සඳලුතලයේ ඉඳලා පහළ බලද්දි වැද්දෙක් පාරේ මස් විකුණ විකුණ යනවා දැක්කා. මේ වැද්දා කෙරෙහි මේ සෝවාන් වෙච්ච සිටුකුමාරිගේ හිත බැඳිලා ගියා. ඊටපස්සේ මේ සිටුකුමාරි වෙස් වලාගෙන වැද්දගේ ඒ මස් කරත්තෙ පිටිපස්සෙන් ගියා.

අර දුන්න ඇන්න වර....

එතකොට වැද්දා ඇහුවා 'කොහේදෑ මේ නගා යන්නේ...?' කියලා. 'මමත් යන්නේ ඔය පැත්තේ තමයි...' කිව්වා. 'එහෙනම් මේ කරත්තෙට ගොඩවෙයං' කිව්වා.

ඉතින් ඒ වැද්දා සිටුකුමාරිව වැදි ගම්මානෙට අරන් ගිහිල්ලා බිරිඳ කරගත්තා. දැන් එතකොට ස්වාමියා වැද්දෙක්. බිරිඳ සෝවාන් වෙච්ච කෙනෙක්. ඒ වැද්දා හැමදාම උදේට අර බිරිඳට කථා කර කර කියනවා 'අර දුන්න ඇන්න වර.... අර පොරව ඇන්න වර..... අර දඬුව ඇන්න වර...' කියලා. එතකොට අර බිරිඳ ඒවා ගෙනිහින් දෙනවා.

ඔහොම කාලයක් ගතවෙද්දි මේ බිරිඳට දරුවෝ හත් දෙනෙක් ලැබුනා. මේ දරුවෝ හත් දෙනාවම කසාද බන්දලා දුන්නා. ඊටපස්සේ ඒ හත් දෙනාත් කරන්නේ අර දඩයම් රස්සාව. බුදුරජාණන් වහන්සේ එක දවසක් උදේ බැලුවා අද කාටද මං මේ ධර්මය කියලා මේ සංසාරෙන් බේරගන්නේ. බැලුවහම පේනවා පහළොස් දෙනෙක්. කවුද පහළොස් දෙනා? වැද්දයි පුතාලා හත් දෙනයි දූලා හත් දෙනයි. මොකද සිටුබිරිඳ ඒ වෙද්දි සෝවාන් වෙලානේ. ඉතින් එදා බුදුරජාණන් වහන්සේ වනාන්තරයට වැඩලා, තොණ්ඩු වල හිර වෙලා හිටිය සත්තුන්ව නිදහස් කරලා, උන්වහන්සේගේ පා සටහනකුත් තියලා, ටිකක් එහායින් තිබුන ගහක් යට වැඩ හිටියා.

එහෙනම් මේක මෙයාගේ වැඩක්....

මහවැද්දා ඇවිල්ලා බලද්දි ඔක්කොම සත්තු නිදහස් කරලා. කාගේ වැඩක් ද මේ කියලා බැලුවහම පා සටහන දැක්කා. වටපිට බලද්දි දැක්කා බුදුරජාණන් වහන්සේ රුක් සෙවනක වැඩ ඉන්නවා. හිතුවා එහෙනම් මෙයාගේ වැඩක් තමයි මේ කියලා දුන්න අරගෙන විදින්න ලෑස්ති වුනා. දුන්න මානා ගත්තු ගමන් එහෙමම ගල් ගැහුනා. මුකුත් කරගන්න බෑ. දවල් වැදි හාමිනේ කියනවා ළමයිට

'ළමයිනේ... තාත්තා තාම ගෙදර ආවේ නෑනේ. මොකද දන්නෙ නෑ. ගිහින් බලාපල්ලා' කිව්වා.

එතකොට මේ පුතාලා හත්දෙනා යනවා තාත්තා හොයාගෙන. යනකොට බුදුරජාණන් වහන්සේ වැඩ ඉන්නවා. එතනම ඉස්සරහ තාත්තා දුනු ඊතල අමෝරාගෙන ඉන්නවා හෙල්ලෙන්නෙ නෑ. ගල් ගැහිලා. ඊටපස්සේ ඒ පුතාලත් එහෙනම් මේ තමයි අපේ සතුරා කියලා බුදුරජාණන් වහන්සේට විදින්න දුනු ඊතල අමෝරාගන්නවා. ඒගොල්ලොත් ගල් ගැහෙනවා. දැන් අර බිරිඳ බලාගෙන ඉන්නවා ඉන්නවා තාමත් නෑ. බලන්න බුදුරජාණන් වහන්සේ කොච්චර කැප වෙලාද කියලා මේකට. කොච්චර වෙලා වාඩිවෙලා ඉන්න ඇද්ද!

තොපි මගේ පියාණන් වහන්සේට විදින්නද යන්නේ....

ඊටපස්සේ වැදි බිරිඳ අර ලේලිලාට කතා කරලා කිව්වා 'ළමයිනේ... නුඹලගෙ තාත්තයි ස්වාමිවරුයි ගියා ගියාමයි වෙච්ච දෙයක් නෑ. යමල්ලා බලන්න' කියලා. යනකොට වැද්දයි පුතාලා හත් දෙනයි දුනු ඊතල මානගෙන ඉන්නවා. බුදුරජාණන් වහන්සේ වාඩිවෙලා ඉන්නවා. දැකලා අර බිරිඳ දුවගෙන ගිහිල්ලා කිව්වා 'අනේ.... මේ මගේ පියාණන් වහන්සේනේ. තොපි මේ විදින්නද යන්නේ...?' කියලා ඇහුවා. කියනකොටම අර හිරවෙච්ච එක බුරුල් වෙලා ගියා.

ඊටපස්සේ ඒගොල්ලෝ ගිහිල්ලා වැඳලා සමාව ගත්තා 'අප්පේ... මේ අපේ සීයා නොවැ' කියලා. ඒ වෙලාවේ බුදුරජාණන් වහන්සේ ඒගොල්ලන්ට ධර්මය

දේශනා කළා. පහළොස් දෙනාම සෝවාන් වුනා. බලන්න එතකොට මේ ධර්මය අහුවෙලා තියෙන්නේ කොහොමද කියලා. බලාපොරොත්තු වෙච්ච නැති වෙලාවක, බලාපොරොත්තු වෙච්ච නැති තැනක, බලාපොරොත්තු නොවෙච්ච අවස්ථාවක. ඒගොල්ලන්ගේ හිත ධර්මාවබෝධයට මෝරලා තිබුනා. ඒ කියන්නේ පෙර ආත්මයක මේ ධර්මය අවබෝධ කරන්න වීරියක් අරගෙන තිබුනා.

ශාස්තෘන් වහන්සේ කෙරෙහි ශ්‍රාවකයෙකු තුළ තියෙන හැඟීම....

නිකාම්ම නිකම් මැටි මෝල්ලු නම් කවදාවත් ඒ වගේ පරිවර්තනයක් එකපාරට සිද්ධ වෙනවා තියා හිතන්නවත් බෑ. දැන් බලන්න ඒ වැදි බිරිඳට බුදුරජාණන් වහන්සේ ගැන තිබිච්ච හැඟීම. එකපාරටම මොකක්ද කිව්වේ? 'හප්පේ... තොපි මේ මොකක්ද කරන්න යන්නේ? මේ අපේ පියාණන් නොවැ' කිව්වා. එතකොට බලන්න එහෙනම් මාර්ගඵලලාභී ශ්‍රාවකයා කොච්චර බැඳිලද ශාස්තෘන් වහන්සේට. ඒ සිටුකුමාරි මාර්ගඵල ලැබුවේ පොඩි කාලේ. නමුත් බලන්න ඒ ලබපු අවබෝධය නොවෙනස්ව තිබිච්ච හැටි.

වෙන කෙනෙක් නම් ඒ හිටපු පරිසරය තුළ සම්පූර්ණයෙන්ම වෙනස් වෙනවනේ. මුරණ්ඩු වෙලා, ගොරෝසු වෙලා, දරුණුවෙලා, කටේ කෙළ හලාගෙන දඩමස් කන්න. මුකුත් නැහැනෙ එහෙම. දැක්කද වෙනස. දෙමව්පියොත් නෑ, ඥාතීනුත් නෑ, බණක් අහන්නත් නෑ, සංඝයා වහන්සේ නමකට දානයක් දෙන්න නෑ. ඇයි වැද්දෙක් එක්කනේ පවුල් කෑවේ. ඒ වගේ පරිසරයකත්

වෙනස් නොවී තිබුනනේ මේ අවබෝධය. අනික අවුරුද්දක් දෙකක්ද? ළමයි හත් දෙනෙකුත් හම්බ වෙලා, ඒගොල්ලොත් ලොකු වෙලා, බන්දලත් දීලා.

අවබෝධය පරිසරය අනුව වෙනස් වෙන්නෙ නෑ....

එතකොට බලන්න කොච්චර කල් ඒ අම්මා තනියම මේ ධර්ම මනසිකාරයේ යෙදිලද? එහෙනම් අවබෝධය කියන එක පරිසරය අනුව වෙනස් වෙන එකක් නෙමෙයි. ධර්මය අවබෝධ වෙච්ච නැති කෙනාට එහෙම නෑ. පරිසරය වෙනස් වෙච්ච ගමන් බණක් ඇහුවද කියලවත් මතක නෑ. බණ පොතක් කියෙව්වාද කියලවත් මතක නෑ. එහෙම ධර්මයක් මෙනෙහි කළාද කියලවත් මතක නෑ. පරිසරය වෙනස් වෙච්ච අංගුමාත්‍රයක් ධර්මය සිහිකරන්නෙ නෑ. ඇයි හේතුව? තමන්ට පිහිටපු ඉන්ද්‍රියයක් නෑ.

ඉන්ද්‍රිය කියලා කියනවනෙ ඇස, කන, නාසය, දිව, කය, මනසට. ඇස නමැති ඉන්ද්‍රිය තියෙනවා නම් එයාට පෙනීම තියෙනවා. කන නමැති ඉන්ද්‍රිය තියෙනවා නම් ඇසීම තියෙනවා. නාසය නමැති ඉන්ද්‍රිය තියෙනවා නම් ගඳසුවඳ දැනීම තියෙනවා. දිව නමැති ඉන්ද්‍රිය තියෙනවා නම් රසය දැනීම තියෙනවා. කය නමැති ඉන්ද්‍රිය තියෙනවා නම් පහස දැනීම තියෙනවා. මනස නමැති ඉන්ද්‍රිය තියෙනවා නම් හොඳට හිතන්න පුළුවන්. අන්න ඒ වගේ ශ්‍රද්ධා නමැති ඉන්ද්‍රිය තියෙනවා නම් ශාස්තෘන් වහන්සේව සිහිකිරීම තියෙනවා. ධර්මය සිහි කිරීම තියෙනවා.

මේක ස්වාමියාගේ අණක් නොවැ....

ධම්මපදට්ඨ කථාවේ විස්තර කරනවා මෙයාට වැද්දා කියනවා 'දුන්න ඇන්න වර... පිහිය ඇන්න වර... පොරව ඇන්න වර....' කියලා. කිච්චහම අර බිරිඳ ඒ ඉල්ලන දේවල් ගිහින් දෙනවා. ඒවා ගෙනිහින් දෙද්දි 'අනේ අද හොඳ මස් කෑල්ලක් කන්න ලැබේවා' කියන අදහසක් එයාට නෑ. 'ස්වාමියාගේ අණක් නොවැ' කියලා හිතලයි ගෙනිහින් දෙන්නේ. සතුන් මරන චේතනාවකුත් නෑ. ඒ සඳහා අනුබල දෙන චේතනාවකුත් නෑ. වෙන කෙනෙක් නම් වේලාසනින් ම තුනපහ මිරිස් ලෑස්ති කරලා තියනවනෙ අද නම් හොඳ වල් ඌරෙක් බාගෙන ඒවි කියලා.

අරයට එහෙම මුකුත් නෑ. චේතනාව වෙනස් වෙලා. අවබෝධය කියන්නේ සම්පූර්ණයෙන්ම පුදුම සහගත දෙයක්. ඒ වගේම ධර්මාවබෝධ වෙච්ච ශ්‍රාවකයා තුළ වීරිය නමැති ඉන්ද්‍රිය තියෙනවා. සිහිය නමැති ඉන්ද්‍රිය තියෙනවා. අදාළ කාරණය සිත විසිරෙන්නෙ නැතුව මෙනෙහි කරල තේරුම් ගන්න පුළුවන්. සමාධි ඉන්ද්‍රිය තියෙනවා. ප්‍රඥා ඉන්ද්‍රිය තියෙනවා. ප්‍රඥා ඉන්ද්‍රිය තියෙන කෙනාට හැම දෙයක් ම හොඳට නුවණින් කල්පනා කරලා තෝරාබේරා ගන්න පුළුවන්. ඒ නිසා තමන්ගේ මාර්ගයට හානියක් නෑ.

ඉන්ද්‍රිය ධර්ම තියෙනවා නම් භය වෙන්න දෙයක් නෑ....

අපේ ඇස් කන් ආදී ඉන්ද්‍රියයන්ට නොයෙක් හානි වෙලා නැති වෙන්න පුළුවන්. මාර්ගඵල ලැබුවට පස්සේ ඇතිවෙන ශ්‍රද්ධාදී ඉන්ද්‍රියයන් එහෙම නැතිවෙන්නෙ නෑ.

එයා මරණින් මත්තේ උපදින්නෙත් ඉන්ද්‍රිය ධර්ම පිහිටන තැනක විතරයි. ඒ කියන්නේ මනුස්ස ලෝකෙයි දිව්‍ය ලෝකෙයි විතරයි. අනිත් ලෝකවල (ප්‍රේත ලෝකයේ, තිරිසන් ලෝකයේ, නිරයේ, අසුර ලෝකයේ) ඉන්ද්‍රිය ධර්ම වැඩෙන්නෙත් නෑ. ඉන්ද්‍රිය ධර්ම පිහිටන්නෙත් නෑ. ඉන්ද්‍රිය පිහිටන්නේ මනුස්ස ලෝකෙයි මනුස්ස ලෝකෙන් ඉහළ ලෝකවලයි.

කෙනෙක් සෝවාන් වුනාම මේ ඉන්ද්‍රියයන් එයා තුළ පිහිටනවා. ඉන්ද්‍රිය පිහිටියොත් තමන් තුළ භය වෙන්න කිසි දෙයක් නෑ. තමන්ට අනතුරක් නෑ. ඒකනේ බුදුරජාණන් වහන්සේගේ කාලේ මාර්ගඵලලාභී පවුල් වල ළමයිව භය නැතුව මිසදිටු පවුල් වලට බන්දලා දුන්නනෙ. ඒ ළමයා කසාද බැඳලා ගිහිල්ලා ඒ පවුලත් ධර්මයට ගන්නවා. බුද්ධ කාලේ එහෙමයි වෙලා තියෙන්නේ. දැන් කාලේ එහෙම මුකුත් නෑ. දැන් කාලේ හෝ ගාලා වෙනස් වෙනවා. ඇයි හේතුව? පිහිටපු ගුණයක් නෑ.

සතර අපායෙන් අත්මිදෙනවා....

හැබැයි ධර්ම මාර්ගය හොඳට පුරුදු කරගෙන ගියොත්, පටිච්ච සමුප්පාදය හොඳට වැටහුනොත්, පංච උපාදානස්කන්ධය හොඳට වැටහුනොත් අන්න එයාට ඉන්ද්‍රිය පිහිටනවා. බුදුරජාණන් වහන්සේ ඒකාන්තයෙන් ම සම්මා සම්බුද්ධයි කියලා තමන්ගේ හිතේ ඉන්ද්‍රියයක් පිහිටනවා. ඉන්ද්‍රියයක් කියලා කියන්නේ ඒක ඇතුලේ වැඩ කරන දෙයක්. ඒ වගේ තත්වයකට ආවහම එයා සතර අපායෙ යන්නෙ නෑ. සතර අපායෙන් අත්මිදෙනවා. ඒ විදිහට ඉන්ද්‍රියයන් පිහිටලා නැතුව අපි නිකම් ආවට ගියාට ඔහේ කාලය ගත කළොත් අපිට උරුම වෙන්නේ සතර අපාය විතරයි.

කොහේ කොහේ යයිද කියලා හොයාගන්න බෑ. අපි හැමෝම හිතාගෙන ඉන්නෙ නම් දිව්‍ය ලෝකෙ යන්නයි. නමුත් ඒක අපිට ස්ථිර වශයෙන් ම කියන්න බැනෙ. ස්ථිර වශයෙන්ම කියන්න පුළුවන් අඩුම ගානේ සෝවාන්වත් වුනොත් විතරයි. මට ඕන නම් ඔබට කියන්න පුළුවන් 'ආ.. පින් වලට ආස කරන්න එපා. පින් වලින් සංසාරේ දික් ගැහෙනවා. ඉක්මනට සෝවාන් වෙන්න මහන්සි ගන්න' කියලා. හැබැයි ඒක ප්‍රායෝගික නෑ. ඇයි ප්‍රායෝගික නෑ කියන්නේ? සෝවාන් වෙනකුනුත් අපිව ආරක්ෂා කරන්නෙ අප රැස් කරන පිනමයි.

පිනට ගර්හා කරන්න එපා....

'අපිට මේ සංසාරේ දික් ගැහෙනවා නොවැ පින් කරන්න ගියොත්. ඒ නිසා පින් කරලා නම් බෑ. අපි ඉක්මනට ඉක්මනට සෝවාන් වෙන්න ඕනෙ' කියලා මේ පිනත් අතඇරියොත් එහෙම අපිට රැකවණයට මොකුත් නෑ. ඔබ මරණින් මත්තේ දිව්‍ය ලෝකෙකට ගියොත් ඒ යන්නේ ඔබ රැස් කරපු පිනෙන්මයි. ඔබ උපද්දවන පුණ්‍ය බලයෙන්මයි. වෙන එකකින් නෙමෙයි. ඔබ මේ ධර්මය හොඳට ඉගෙන ගෙන ඔබේ හිතේ පිහිටලා තිබුනොත් 'දැන් මම කොහොමහරි මගේ පින දියුණු කරගන්න ඕනෙ. මං මේ පින් රැස්වෙන ස්වභාවය දිගටම පවත්වන්න ඕනෙ. මට මේ ලැබිච්ච දුර්ලභ අවස්ථාවෙන් මං ප්‍රයෝජනය ගන්න ඕනෙ' කියලා ඔබට ඒ තුළින් විශාල රැකවරණයක් සැලසෙනවා. මේක බාහිර කෙනෙකුට බලෙන් ඇතුල් කරන්න බෑ. ඒක තමන්ම හිතා මතා තේරුම් ගන්න ඕනෙ එකක්.

අවාසනාවක මහත....

එහෙම නැත්නම් අපි දන්න සමහර අය ඉන්නවා. කාලයක් මේ වැඩසටහන් වල ඇවිල්ලා ධර්මය ඉගෙන

ගන්නවා. පොත්වල සටහන් ලියාගන්නවා. හැම දෙයක්ම උනන්දු වෙලා කරනවා. කාලෙකට පස්සේ මුකුත් මතක නෑ. මෙහෙම ධර්මයක් ඉගෙන ගත්තා කියලා මතකයක්වත් නෑ. පොත් ටිකත් ඔහේ පැත්තක දාලා. එහෙම අය හරියට ඉන්නවා. බොහොම පොඩි කාලෙකට උනන්දුවක් ඇතිවෙලා මේ ධර්මය හොයාගෙන යනවා. ඊටපස්සේ ඒක අතඅරිනවා. ඒ වගේ වෙනවා හරියට. එක්කෙනෙකුට නෙමෙයි.

ඉතින් ඒ නිසා තමන්ට පුද්ගලික වටහා ගැනිල්ලක් තියෙන්න ඕනෙ මේකේ බැරෑරුම්කම ගැන. මං අද පංච උපාදානස්කන්ධය ගැන කරපු විස්තරය තේරුම් ගන්න ඔබට පහසු වුනේ මොකක් නිසාද? පටිච්ච සමුප්පාදය ගැන කලින් අහලා තිබ්බ්ච නිසා නේද? පටිච්ච සමුප්පාදය ගැන කලින් අහලා තිබුනේ නැත්නම් මේ කියා දීපුවා තේරුම් ගන්න අමාරුයි. දැන් ධම්මපදයේ ගාථා වලත් **ආයු උස්මා ච විඤ්ඤාණං - යදා කායං ජහන්තිමං** ආදී වශයෙන් කෙනෙක් මරණයට පත්වෙද්දි විඤ්ඤාණය චුතවෙනවා කියලා තියෙනවා.

නොවැඩෙන විඤ්ඤාණය පිරිනිවන් පානවා....

නමුත් මේ දේශනාවල පැහැදිලිව තියෙනවා මේ විඤ්ඤාණය චුත වෙන්නේ රූපය, වේදනාව, සඤ්ඤාව, සංස්කාර කියන මේ හතරත් එක්කයි කියලා. මේ හතරත් එක්ක විඤ්ඤාණය සම්බන්ධ නැත්නම් විඤ්ඤාණය චුත වෙන්නෙ නෑ. නිරුද්ධ වෙනවා. පිරිනිවන් පානවා. මේ හතර විඤ්ඤාණයට පිහිටලා වැඩෙන්න පොළව වගේ තියෙනවා. ජලය වගේ තියෙනවා නන්දිරාගය. එහෙමනම්

ඒ හතරත් එක්කම එකතු වෙලා චුත වෙන්නේ වැඩුණු විඤ්ඤාණයක්ද අරමුණු සිඳුනු විඤ්ඤාණයක් ද? වැඩුනු විඤ්ඤාණයක්. අරමුණු සිඳුන විඤ්ඤාණයක් නෙමෙයි.

විඤ්ඤාණයේ අරමුණු සිඳුනා නම් විඤ්ඤාණය පිහිටන්නේ නෑ. පිහිටන්නෙ නැත්නම් ඒ නොපිහිටන විඤ්ඤාණය වැඩෙන්නෙ නෑ. වැඩෙන්නෙ නැති විඤ්ඤාණය පිරිනිවන් පානවා. මේක තවදුරටත් පැහැදිලි කරගන්න ඔබට කරන්න තියෙන්නේ ඉස්සෙල්ලාම පටිච්ච සමුප්පාදය හොඳට ඉගෙන ගන්න. පටිච්ච සමුප්පාදය හොඳට ඉගෙනගෙන අපි ඔබට කලින් උගන්වපු 'මෙය ඇති කල්හි මෙය ඇත්තේය. මෙය ඉපදුනොත් මෙය උපදී. මෙය නැති කල්හි මෙය නැත්තේය. මෙය නිරුද්ධ වුනොත් මෙය නිරුද්ධ වෙයි' කියන න්‍යායට අනුව ජරාමරණ වල ඉඳලා අවිද්‍යා දක්වාත් ඊටපස්සේ අවිද්‍යාවේ ඉඳලා ආයෙ ජරාමරණ දක්වාත් මෙනෙහි කරන්න මහන්සි ගන්න.

ශ්‍රැතය නැත්නම් පැටලෙනවා....

ඊටපස්සේ පංච උපාදානස්කන්ධය හොඳට තේරුම් ගන්න පුළුවන්. ඒ විදිහට පංච උපාදානස්කන්ධය තේරුම් ගත්තොත් ඊටපස්සෙ ඔබ කරනවා නම් ස්කන්ධ භාවනාව හෝ ආයතන භාවනාව හෝ ධාතු මනසිකාරය හෝ ඒ මෙනෙහි කරන දේ ඔබට හොඳට පැහැදිලි වෙයි. කෙනෙක් 'මේ රූපය හේතූන් නිසා හටගත් හෙයින් ද, හේතු නැතිවීමෙන් නැති වී යන හෙයින් ද අනිත්‍යයි....' කියලා යම්කිසි භාවනා වාක්‍යයක් මෙනෙහි කරද්දි එයා ඒ හේතු මොනවද, ඒවා නැති වෙන්නේ කොහොමද කියලා ඔක්කොම ඉගෙන ගන්නේ පටිච්ච සමුප්පාදය ආශ්‍රයෙන්.

එහෙම නැත්නම් එයා පැටලෙනවා. පැටලෙන්නේ ඒකට උවමනා කරන ශ්‍රැතය නැති නිසා. ඒ ගැන පැහැදිලිව අහලා තිබුනා නම් ඒ අර්බුදය හටගන්නෙ නෑ. පටිච්ච සමුප්පාදය පැහැදිලිව තේරුම් ගත්තොත් අන්න එයාට ටික ටික මේ සසරේ ස්වභාවය මේකයි.... මේ රටාවෙන්ම තමයි සත්වයා නිරයේ යන්නේ.... මේ රටාවෙන් ම තමයි සත්වයා ප්‍රේත ලෝකෙ යන්නේ.... මේ රටාවෙන්ම තමයි සත්වයා තිරිසන් අපායේ යන්නේ.... මේ රටාවෙන් ම තමයි සත්වයා කෙළවරක් නැති භවාන්තර ගණනක් කල්ප කාලාන්තර ගණනක් නොකඩවාම ඇවිල්ලා තියෙන්නේ.... කියලා තේරුම් ගන්නවා.

ප්‍රඥාව ම මෝරන්න ඕනෙ....

ඒ වගේම එයා තේරුම් ගන්නවා අනාගතයෙත් මට යනතාක් යන්න තියෙන්නෙත් මේ රටාවෙන් ම තමයි කියලා. අන්න එතකොට එයා ඒ රටාව කෙරෙහි කළකිරෙනවා. 'මොකක්ද මේ යන ගමන? ඉවරයක් කරගන්න බැරි ගමනක් නේද මේ යන්නේ? නිස්සාර ගමනක් නේද මේ යන්නේ?' කියලා ටික ටික තේරෙන්න පටන් ගන්නවා.

මං කිව්වේ ඒකයි එහෙම නැතුව මළමිනී කපන තැනක හිටියත් අවබෝධයක් නම් ඇතිවෙන්නෙ නෑ. අපි අසුභය මෙනෙහි කරද්දි හිතින් මවාගෙන නේ මෙනෙහි කරන්නේ. මළමිනී කපන එක්කෙනාට මේ ඇස් දෙකට හොඳට පේනවා. ගන්දස්සාරේ බෑ. සමහරවිට බඩ කැපුවොත් එහෙම එයා එදා කාපුවා ඔක්කොම වමනෙ වගේ තියෙනවා බඩ ඇතුලේ. ඒවත් ඔක්කොම පෙනි පෙනිනේ මේ මනුස්සයා කළකිරෙන්නෙ නැතුව ඉන්නේ.

ප්‍රඥාවට කළහැකි දේ හැඟීමකට කරන්න බෑ....

එතකොට ඒ ඔක්කොම දැක දැකත් කළකිරෙන්නෙ නැතුව ඉන්නවා නම්, එහෙනම් අපිට තේරෙනවනෙ නිකම් මෙනෙහි කළ පමණින් පුද්ගලයෙක් කළකිරෙන්නෙ නෑ. ඒකට එයාගේ ප්‍රඥාවම මෝරන්න ඕනෙ. ප්‍රඥාව මෝරන්න නම් එයා පටිච්ච සමුප්පාදය ම මෙනෙහි කරන්න ඕනෙ. ප්‍රඥාවෙන් කළයුතු දේ හැඟීමකින් කරන්න බෑ. හැඟීම කියන්නේ ගොඩාක් දුර ගෙනියන්න පුළුවන් එකක් නෙමෙයි. සාමාන්‍යයෙන් එපාවීම, කළකිරීම වගේ පොඩි පොඩි දේවල් අපේ හිතේ ඇතිවෙනවා. ප්‍රඥාව කියන්නේ එහෙම එකක් නෙමෙයි. ප්‍රඥාව කියලා කියන්නේ එයා නැවත නැවත මෙනෙහි කර කර තේරුම් ගන්න එකක්.

ඒ නිසා පින්වත්නි, අපි මේක හොඳට තේරුම් ගන්න ඕනෙ. මොකද මේ ධර්ම මාර්ගය දියුණු කරගන්න අපිට ප්‍රධාන වශයෙන් උපකාරී වෙන දෙයක් තමයි ප්‍රඥාව. ඒ වගේම උපකාරී වෙනවා සිහිය. ඒ වගේම උපකාරී වෙනවා වීරිය. ප්‍රඥාව ඇතිකරගන්න උපකාරී වෙනවා නුවණින් මෙනෙහි කරන්න පුළුවන් කම. නුවණින් මෙනෙහි කරගන්න උපකාරී වෙනවා ධර්මය මනාකොට ශ්‍රවණය කිරීම. ඒ සඳහා උපකාරී වෙනවා සුදුසු පරිසරයක වාසය කිරීම. ඒ සඳහා උපකාර වෙනවා පෙර ආත්මෙ කරපු පින්. පෙර ආත්මේ කරපු පිනුත් උපකාර වෙනවා නම්, මේ ආත්මේ කරන පින් උදව් වෙන්නේ නැද්ද? උදව් වෙනවා. ඒ නිසා අපටත් පින් රැස්කරමින්, මේ ධර්ම මාර්ගය දියුණු කරගන්න වාසනාව ලැබේවා!

සාදු! සාදු!! සාදු!!!

❀ ❀ ❀

02.

සවස් වරුවේ ධර්ම දේශනය...

ශ්‍රද්ධාවන්ත පින්වත්නි,

අද උදේ වරුවේ අපි බීජ සූත්‍රය ඇසුරෙන් පංච උපාදානස්කන්ධය ගැන ඉගෙන ගත්තා. හවස් වරුවෙත් අපි ඉගෙන ගන්නේ ඒ පංච උපාදානස්කන්ධය ගැනමයි. බුදුරජාණන් වහන්සේ ගේ සූත්‍ර දේශනා වල විවිධ ආකාරයට පංච උපාදානස්කන්ධය ගැන විස්තර වෙනවා. ඒ විස්තර වලින් තමයි අපි දැනගන්නේ රූපස්කන්ධය කියලා අදහස් කරන්නේ මොකක්ද, වේදනා උපාදානස්කන්ධය කියලා අදහස් කරන්නේ මොකක්ද, සඤ්ඤා උපාදානස්කන්ධය කියලා අදහස් කරන්නේ මොකක්ද, සංස්කාර උපාදානස්කන්ධය කියලා අදහස් කරන්නේ මොකක්ද, විඤ්ඤාණ උපාදානස්කන්ධය කියලා අදහස් කරන්නේ මොකක්ද කියලා.

එහෙම තේරුම් ගන්න බැරිවුනොත් අපිට ඒක පැටලිලි සහගත වෙනවා. පැටලිලි සහගත වුනොත් ඒකෙන් අවබෝධයක් ඇතිවෙන්නෙ නෑ. දැන් අපි ඉගෙන ගන්නේ උපාදාන පරිවත්ත සූත්‍රය. බුදුරජාණන් වහන්සේ

දේශනා කරනවා **පඤ්චිමේ භික්ඛවේ උපාදානක්ඛන්ධා** මහණෙනි, මේ උපාදානස්කන්ධ පහකි. මොනවද ඒ? රූප උපාදානස්කන්ධය, වේදනා උපාදානස්කන්ධය, සඤ්ඤා උපාදානස්කන්ධය, සංස්කාර උපාදානස්කන්ධය, විඤ්ඤාණ උපාදානස්කන්ධය කියන පහ.

සම්මා සම්බුදු බවට ප්‍රතිඥා දීම....

ඔබ අහලා තියෙනවද ධම්මචක්කපවත්තන සූත්‍රයේ තියෙන **තිපරිවට්ටං ද්වාදසාකාරං** කියන වචනය? තිපරිවට්ටං කියන්නේ පරිවර්ත තුනයි. ද්වාදසාකාරං කියන්නේ දොළොස් ආකාරයයි. ඒ කියන්නේ චතුරාර්ය සත්‍යයේ තියෙනවා පරිවර්ත තුනකුත් ආකාර දොළොසකුත්. බුදුරජාණන් වහන්සේට පරිවර්ත තුනකින් යුතුව, ආකාර දොළොසකින් යුතුව චතුරාර්ය සත්‍යය අවබෝධ වෙන තුරු තමන් වහන්සේ සම්මා සම්බුද්ධයි කියලා ලෝකයට ප්‍රතිඥා දුන්නේ නෑ කියනවා. යම් දවසක ඒ පරිවර්ත තුනෙන් යුක්තව, දොළොස් ආකාරයෙන් චතුරාර්ය සත්‍යය අවබෝධ වුනාද, ඊටපස්සේ තමයි උන්වහන්සේ ලෝකයට ප්‍රතිඥා දුන්නේ තමන් වහන්සේ සම්මා සම්බුද්ධයි කියලා.

ඒ දුක්ඛ ආර්ය සත්‍යයේත් පරිවර්ත තුනක් තියෙනවා. දුක්ඛ සමුදය ආර්ය සත්‍යයේත් පරිවර්ත තුනක් තියෙනවා. දුක්ඛ නිරෝධ ආර්ය සත්‍යයේත් පරිවර්ත තුනක් තියෙනවා. දුක්ඛ නිරෝධගාමිනී පටිපදා ආර්ය සත්‍යයේත් පරිවර්ත තුනක් තියෙනවා. මොනවද ඒ පරිවර්ත තුන? සත්‍ය ඤාණ, කෘත්‍ය ඤාණ, කෘත ඤාණ. සත්‍ය ඤාණය කියන්නේ මේක සත්‍යයක් ය කියන අවබෝධය. කෘත්‍ය ඤාණය කියන්නේ ඒ සත්‍යයක් වෙච්ච

කාරණය සම්බන්ධයෙන් කළයුතු දේ පිළිබඳ තියෙන අවබෝධය. කෘත ඤාණ කියන්නේ ඒ ඒ ආර්ය සත්‍යය සම්බන්ධයෙන් කළයුතු දේ කරලා අවසන් වුනා කියලා තියෙන අවබෝධය. ඒකට කියනවා පරිවර්ත කියලා.

පරිවර්ත හතරක්....

මේ දේශනාවෙත් ඒ වගේ පරිවර්ත හතරක් (එක් එක් උපාදානස්කන්ධය ගැන අවබෝධ කරගත යුතු ආකාර හතරක්) ගැන පෙන්වා දෙනවා. බුදුරජාණන් වහන්සේ දේශනා කරනවා "යම්තාක් කල් මේ රූප, වේදනා, සඤ්ඤා, සංස්කාර, විඤ්ඤාණ කියන පංච උපාදානස්කන්ධයේ යථා ස්වභාවය ඒ ආකාරයෙන්ම පරිවර්ත හතරකින් යුක්තව අවබෝධ නොවුනාද, ඒ තාක්කල් මම දෙවියන් බඹුන් මරුන් සහිත, ශ්‍රමණ බ්‍රාහ්මණයන් සහිත ලෝකයේ සම්මා සම්බුද්ධත්වයට පත්වුනා කියලා ප්‍රතිඥා දුන්නේ නෑ" කියනවා. යම්කලක මේ පංච උපාදානස්කන්ධයන් ගැන පරිවර්ත හතරකින් අවබෝධ වුනාද, එතකොට තමයි උන්වහන්සේ සම්මා සම්බුද්ධයි කියලා ප්‍රතිඥා දුන්නේ.

මොනවද ඒ පරිවර්ත හතර? පළවෙනි එක රූපය කියන්නේ මොකක්ද කියලා අවබෝධ කිරීම. දෙවෙනි එක රූපය හටගන්නේ කොහොමද කියලා අවබෝධ කිරීම. තුන්වෙනි එක රූපය නිරුද්ධ වෙන්නේ කොහොමද කියලා අවබෝධ කිරීම. සතරවෙනි එක රූප නිරෝධගාමිනි පටිපදාව අවබෝධ කිරීම. එතකොට එතන පරිවර්ත හතරක් තියෙනවා. රූපය ගැන පරිපූර්ණ වශයෙන් අවබෝධ වෙන්න නම් මේ කරුණු හතර ම ගැන ශ්‍රාවකයා දැනගන්ට ඕනෙ.

උපාදානස්කන්ධ පහ සතර අයුරකින් අවබෝධ කිරීම....

ඊළඟට විඳීම අවබෝධ කිරීම, විඳීමේ හටගැනීම අවබෝධ කිරීම, විඳීම නිරුද්ධ වීම අවබෝධ කිරීම, විඳීම නිරුද්ධ වන්නා වූ මාර්ගය අවබෝධ කිරීම. ඊළඟට සඤ්ඤාව අවබෝධ කිරීම, සඤ්ඤාව හටගැනීම අවබෝධ කිරීම, සඤ්ඤාව නිරුද්ධ වීම අවබෝධ කිරීම, සඤ්ඤාව නිරුද්ධ වන්නා වූ මාර්ගය අවබෝධ කිරීම. ඊළඟට සංස්කාර අවබෝධ කිරීම, සංස්කාර හටගැනීම අවබෝධ කිරීම, සංස්කාර නිරුද්ධ වීම අවබෝධ කිරීම, සංස්කාර නිරුද්ධ වන්නා වූ මාර්ගය අවබෝධ කිරීම. ඊළඟට විඤ්ඤාණය අවබෝධ කිරීම, විඤ්ඤාණයේ හටගැනීම අවබෝධ කිරීම, විඤ්ඤාණය නිරුද්ධ වීම අවබෝධ කිරීම, විඤ්ඤාණය නිරුද්ධ වන්නා වූ මාර්ගය අවබෝධ කිරීම.

මේ විදිහට පංච උපාදානස්කන්ධය ගැන දැනගත්තොත් එයාගේ අවබෝධය සම්පූර්ණ එකක්. ඊටපස්සේ බුදුරජාණන් වහන්සේ මේ එකක් එකක් ගානේ විස්තර වශයෙන් තෝරලා දෙනවා. අපි පටිච්ච සමුප්පාදය ගැන දන්නෙ නැතුව මේ විස්තරය ඉගෙන ගත්තොත්, මේක අපිට තේරෙන්නෙ නැති නිකම්ම නිකම් විස්තරයක් වේවි. දැන් බලන්න මේ සංයුත්ත නිකායේ පළවෙනි පොත් වහන්සේගේ දේවතා සංයුත්තය, කෝසල සංයුත්තය, බ්‍රහ්ම සංයුත්තය වගේ කුඩා දේශනා විස්තර කරනවා. ඊටපස්සේ දෙවෙනි පොත් වහන්සේගේ තියෙනවා අභිසමය සංයුත්තය. අභිසමය සංයුත්තයේ තියෙන්නේ පටිච්ච සමුප්පාදය ගැන.

මේක නිකම්ම නිකම් ඉගෙනිල්ලක් නෙමෙයි....

ඊටපස්සේ තුන්වෙනි පොත් වහන්සේගේ තියෙන්නේ ඛන්ධ සංයුත්තය. ඛන්ධ සංයුත්තයේ තමයි පංච උපාදානස්කන්ධය ගැන විස්තර වෙන්නේ. අපි දැන් මේ ඉගෙන ගන්නේ ඛන්ධ සංයුත්තයට අයත් දේශනා. බලන්න එතකොට ඒ කාලේ රහතන් වහන්සේලා මේවා අපි ඉගෙන ගත යුතු පිළිවෙළටයි ගොනු කරලා තියෙන්නේ. ඒ පිළිවෙළට ඉගෙන ගත්තොත් තමයි ඉගෙන ගන්න දේ පැහැදිලි වෙන්නේ. ඉගෙන ගන්න දේ පැහැදිලි වුනොත් විතරයි අපට සරණ පිහිටන්නේ. මේක ඉස්කෝලේ ගිහිල්ලා ඉගෙන ගන්නවා වගේ නිකම්ම නිකම් ඉගෙනිල්ලක් නෙමෙයි. අපි මේ ධර්මය ඉගෙන ගන්නේ පිළිසරණක් පිණිසයි.

ඔන්න දැන් බුදුරජාණන් වහන්සේ විස්තර කරනවා **කතමඤ්ච භික්ඛවේ රූපං** මහණෙනි, රූපය කියන්නේ මොකක්ද? **චත්තාරෝ ච මහාභූතා** පඨවි ධාතු, ආපෝ ධාතු, තේජෝ ධාතු, වායෝ ධාතු සතර මහා භූතත් **චතුන්නං ච මහාභූතානං උපාදාය රූපං** සතර මහාභූතයන්ගෙන් හටගත්තු දේවලුත්. පඨවි ධාතු කියන්නේ පොළවට පස්වෙලා යන දේවල්. ආපෝ ධාතු කියන්නේ වතුරේ දියවෙලා යන වැගිරෙන දේවල්. තේජෝ ධාතු කියන්නේ උණුසුම් දේවල්. වායෝ ධාතු කියන්නේ සුළඟේ ගහගෙන යන දේවල්.

පොළවට පස්වෙලා යන දේවල්....

පඨවි ධාතුව කියලා උන්වහන්සේ මෙතනදී විස්තර කරන්නේ සිමෙන්ති, ගඩොල් ආදී දේවල්

නෙමෙයි. තමාගේ හිත බැසගෙන තියෙන, විඤ්ඤාණයේ ක්‍රියාකාරීත්වයට අහුවෙලා තියෙන, විඤ්ඤාණයට අරමුණක් වෙලා තියෙන, විඤ්ඤාණය පිහිටලා තියෙන, විඤ්ඤාණය වැඩෙන, නන්දිරාගයෙන් ආශ්වාදය විඳින දේයි. මොනවද ඒ පොළවට පස්වෙලා යන පඨවි ධාතුවට අයත් දේවල්? කෙස්, ලොම්, නියපොතු, දත්, සම, මස්, නහරවැල්, ඇට, ඇටමිදුලු, වකුගඩු, හදවත, අක්මාව, දලබුව, බඩදිව, පෙනහලු, කුඩා බඩවැල්, මහබඩවැල්, ආමාශය, අසූචි.

ආපෝ ධාතුවට අයත් (වැගිරෙන ස්වභාවයෙන් යුතු) දේවල් මොනවද? පිත, සෙම, සැරව, ලේ, දහඩිය, තෙල්මන්ද, වුරුණු තෙල්, කඳුළු, කෙළ, සොටු, සඳමිදුලු, මුත්‍රා. බලන්න රහතන් වහන්සේලාගේ කාලේ උගන්නලා තියෙන විදිහ. ධර්මාශෝක රජ්ජුරුවන්ගේ පුතා, මහින්ද කුමාරයා මොග්ගලීපුත්ත තිස්ස මහරහතන් වහන්සේ ළඟ පැවිදි වෙනවනෙ. පැවිදි වෙනකොට වයස අවුරුදු විස්සයි. පැවිදි වුනාට පස්සේ මොග්ගලීපුත්ත තිස්ස මහරහතන් වහන්සේ උගන්වන්නේ දෙතිස් කුණුප භාවනාව. තුන් මාසයක් ඕක කරන්න කියනවා. තුන් මාසය ඉවර වෙනකොට සෝවාන් ඵලයට පත්වෙනවා. එහෙනම් අසුභ භාවනාව හරි විදිහට කළොත් සක්කාය දිට්ඨිය ප්‍රහාණය වෙනවා.

කයෙහි තිබෙන ඇත්ත ගැනම - පවතීවා නිතර සිහිය....

ඊළඟට තේජෝ ධාතුව කියන්නේ මේ ශරීරය යම් උණුසුමකින් දවයි ද, තවයි ද, අනුභව කළ ආහාරපානාදිය

යම් උණුසුමකින් දිරවයි ද, ඒක තමයි තේජෝ ධාතුව. වායෝ ධාතුව කියන්නේ ආශ්වාස ප්‍රශ්වාස වාතය, ශරීරය පුරා දුවන වාතය, උගුරෙන් පිටවන වාතය, අධෝ මාර්ගයෙන් පිටවෙන වාතය, කුසේ තියෙන වාතය. මේ විදිහට තමන්ගේ ශරීරයේ හැබෑවටම තියෙන දේවල් වෙන් කර කර බලනවා නම්, මේ මිනිස්සු තම තමන් ගැන ගොඩනගා ගෙන ඉන්න ආඩම්බරකම්, කුලමලකම් වල කැලිවත් ඉතුරු වෙන්නේ නෑ. එයා මේ ශරීරය කියන්නේ කිසිම සාරයක් නැති, අසාර වූ දෙයක් කියලා පැහැදිලි කරගන්නවා.

මේ රූපය එකොළොස් ආකාරයකින් විස්තර කරන්න පුළුවන්. අතීත රූපය, අනාගත රූපය, වර්තමාන රූපය, ආධ්‍යාත්මික රූපය, බාහිර රූපය, හීන රූපය, උසස් රූපය, ගොරෝසු රූපය, සියුම් රූපය, දුර තියෙන රූප, ළඟ තියෙන රූප. ආධ්‍යාත්මික රූපය කිව්වේ තමා කියලා හිතාගෙන ඉන්න මේ රූපය. බාහිර රූපය කිව්වේ තමන්ගෙන් බාහිර වූ අනුන්ගේ යයි සලකන රූපය. දැන් අපි ගත්තොත් මනුස්ස ලෝකෙත් එක්ක සංසන්දනය කරහම සර්පයෙකුගේ රූපය හීන රූපයක්. සුනඛයෙකුගේ රූපයක් හීන රූපයක්. ගවයෙකුගේ රූපයක් හීන රූපයක්. මනුස්සයෙකුගේ රූපය ඊට වඩා උසස් රූපයක්. මනුස්සයෙකුගේ රූපයයි, දෙවියෙකුගේ රූපයයි ගත්තොත් මනුස්සයාගේ රූපය හීන රූපයක්. දෙවියාගේ රූපය උසස් රූපයක්. මේ ඔක්කොම සම්මුති.

රූපය පෙණ පිඩක් වගේ....

බුදුරජාණන් වහන්සේ දේශනා කරනවා රූපය කියන්නේ මේකටයි කියලා ඉස්සෙල්ලාම අඳුනගන්න

කියනවා. කෙනෙක් මේ රූපයට තමයි රැවටිලා හිත බැසගෙන ඉන්නේ. බුදුරජාණන් වහන්සේ මේ රූපය කුමකටද උපමා කළේ? පෙණ පිඬකට. ඒ පෙණ පිඬු මේ රටේ දකින්න නෑ. මම බුද්ධ ගයාවේ අසපුවේ ඉඳන් වජිරාසනයට යද්දි දැකලා තියෙනවා නේරංජනා ගඟ අයිනේ අඩි දෙක තුන උස පෙණ තට්ටු තියෙනවා. ඒවා අව්වත් එක්ක හෙමින් හෙමින් අඩුවෙවී යනවා. මේ රූපයත් අන්න ඒ වගේ. ඉපදිලා, වැඩිලා, දැන් හෙමින් හෙමින් නාකි වෙවී යනවා. කවදා හරි දවසක කිසිවක් ඉතුරු නොවී පොළවට පස්වෙලා යනවා.

ඊළඟට බුදුරජාණන් වහන්සේ විස්තර කරනවා **ආහාරසමුදයා රූප සමුදයෝ.** ආහාර හටගැනීමෙන් රූපය හටගනී. අපි කියමු අද ඔබට දවල් ආහාර වේල නොදුන්නා නම් මේ වෙද්දි ඇඟට කෙඩෙත්තු ගතියක් නැද්ද? තියෙනවා. හවස් වෙද්දි හොඳටම අමාරු වෙනවා. බඩගින්නේම ගෙදරත් ගියා කියමු. ගෙදරත් මොකුත් නෑ. රාත්‍රියටත් නෑ. එතකොට මේ ශරීරය මැලවෙන්නෙ නැද්ද? ඔන්න පහුවදා උදේ මොනවහරි ලැබෙයි කියලා හිතාගෙන ඉන්නවා. පහුවදාත් නෑ. එතකොට තවත් මැලවෙනවා. ඊටපස්සේ කෙනෙක් ඇවිල්ලා කියනවා ආන්න කුඹුරට හරක් පැනලා කියලා. ඔන්න දැන් මෙයා යන්න ඕනෙ කුඹුරට හරක් එළවන්න. නමුත් මෙයාට යාගන්න බෑ රූපය දුර්වල වෙලා නිසා.

ආහාර නිරුද්ධ වීමෙන් රූපය නිරුද්ධ වෙනවා....

රූපය දුර්වල වුනේ ආහාර නැති නිසා. එහෙනම් එයාගේ රූපය පවතින්න උදව් වෙන්නේ මොකක්ද?

ආහාරය. **ආහාරනිරෝධා රූපනිරෝධෝ.** ආහාර නිරුද්ධ වීමෙන් රූපය නිරුද්ධ වෙනවා. අපි හැමෝගෙම ජීවිත වලට කෑම කන්න බැරිවෙන අවස්ථාවක් එනවා. වතුර බීගන්න බැරිවෙන අවස්ථාවක් එනවා. පෝෂණය ලබන්න බැරි අවස්ථාවක් එනවා. ඊටපස්සේ ටික ටික මේ ශරීරය දුර්වල වෙලා මැරිලා යනවා. **ආහාරනිරෝධා රූපනිරෝධෝ.** ඒ කිව්වේ සාමාන්‍ය භෞතික රූපය ගැන. මෙතනදි තවත් ගැඹුරකට කියනවා. රූප උපාදානස්කන්ධය ගැන කියද්දි රූපයේ තියෙන ආහාරය තමයි රූපය කෙරෙහි රාගය තිබීම. එතකොට රූපය නැති වෙන්න නම් රූපය කෙරෙහි රාගය නැති වෙන්න ඕනෙ.

බුද්ධ දේශනා වලින් අපි ආහාර වර්ග හතරක් ගැන ඉගෙන ගෙන තියෙනවනෙ. ඒ තමයි කබලිංකාර ආහාර, ඵස්ස ආහාර, මනෝ සංචේතනා ආහාර, විඤ්ඤාණ ආහාර. මේ ආහාර වර්ග හැම එකකින් ම රූපය පෝෂණය ලබනවා. ඒ ආහාර නිරුද්ධ වීමෙන් රූපය නිරුද්ධ වෙනවා. ඒ විදිහට රූපය නිරුද්ධ වෙන්න තියෙන මාර්ගය සම්මා දිට්ඨි, සම්මා සංකප්ප, සම්මා වාචා, සම්මා කම්මන්ත, සම්මා ආජීව, සම්මා වායාම, සම්මා සති, සම්මා සමාධි කියන ආර්ය අෂ්ටාංගික මාර්ගයයි.

මනා පිළිවෙතට පිළිපන් අය....

ඊළඟට බුදුරජාණන් වහන්සේ වදාරනවා මෙහෙම. "මහණෙනි, යම්කිසි ශ්‍රමණයෙක් වේවා බ්‍රාහ්මණයෙක් වේවා මේ විදිහට රූපය ගැන අවබෝධ කරගෙන, රූපයේ හටගැනීම ගැනත් අවබෝධ කරගෙන, රූපයේ නිරෝධය ගැනත් අවබෝධ කරගෙන, රූපය නිරුද්ධ වීම පිණිස පවතින ප්‍රතිපදාව ගැනත් අවබෝධ කරගෙන,

ඒ රූපය නිරුද්ධ වන්නා වූ ප්‍රතිපදාවේ වාසය කළොත් ඒ අයට කියනවා සුපටිපන්න කියලා. **යේ සුපටිපන්නා** යමෙක් සුපටිපන්න ද, **තේ ඉමස්මිං ධම්මවිනයේ ගාධන්ති** ඒ අය මේ ධර්මයත් විනයත් තුළ පිහිටලයි ඉන්නේ" ධර්ම විනය කියලා කියන්නේ මේ චතුරාර්ය සත්‍යය අවබෝධ කරන්න තියෙන වැඩපිළිවෙළ. ඒ චතුරාර්ය සත්‍යය ධර්මය අවබෝධ කරන්න අනුගමනය කරන්න තියෙන වැඩපිළිවෙළ තුළ කවුරුහරි හිටියොත් එයාට සුපටිපන්නයි කියනවා. එයා මනා වූ ප්‍රතිපදාවට ආපු කෙනෙක් කියනවා.

මැනැවින් නිදහස් වූවෝ....

මහණෙනි, යම් ශ්‍රමණයෝ වේවා බ්‍රාහ්මණයෝ වේවා මේ විදිහට රූපයත් අවබෝධ කරගෙන, රූපයේ හටගැනීමත් අවබෝධ කරගෙන, රූපයේ නිරෝධයත් අවබෝධ කරගෙන, රූපනිරෝධගාමිනී පටිපදාවත් අවබෝධ කරගෙන, රූපය කෙරෙහි කළකිරිලා, නොඇලිලා, රූපය කෙරෙහි රාගය නිරුද්ධ වෙලා, උපාදාන රහිතව රූපයෙන් නිදහස් වුනොත් ඒ අයට කියන්නේ **සුවිමුත්තා** මැනවින් නිදහස් වූවෝ ය කියලයි. **යේ සුවිමුත්තා** යමෙක් මැනවින් නිදහස් වුනාද, **තේ කේවලිනෝ** ඒ අය තමයි ලෝකයේ සම්පූර්ණ අය. **යේ කේවලිනෝ** යම්කිසි කෙනෙක් පරිපූර්ණයිද, **වට්ටං තේසං නත්ථි පඤ්ඤාපනාය** ඒ උතුමන්ට සංසාරයේ ගමනක් නෑ කියනවා.

දැන් මේ කාලේ අපි ගත්තොත් රහතන් වහන්සේලාගේ කාලේ වගේම මේ කාලෙත් පැවිදි කරද්දි අපි කාටත් සිවුරු පටිය කරේ ගැට ගහනකොට

දෙතිස් කුණුප භාවනාව උගන්වනවා. නමුත් අපට පින මදි. ඒක කරගන්න බෑ. ඒකයි වෙලා තියෙන්නේ. මේ දෙතිස් කුණුප භාවනාව මෙනෙහි කරන්න මහා පිනක් තියෙන්න ඕනෙ. මේ කෙස්, ලොම්, නිය, දත් ආදී දෙතිස් කුණුපයන් මෙනෙහි කිරීම බුදුරජාණන් වහන්සේ ගේ ශාසනයේ ලැබෙන ශ්‍රේෂ්ඨ කමටහනක්.

පුණ්‍යවන්ත උතුමන්....

අප තුළ තියෙන සුභ සංඥාව නිසා අපි සතෙක් කුණුවෙලා හිටියත් නාහෙ වහගෙන දුවනවා. අසූචි ගොඩක් දැක්කත් නාහෙ වහගෙන දුවනවා. ඒ කාලේ පැවිදි වෙච්ච උත්තමයෝ මහා පින්වන්ත අය. රාජකීය වංශවත් පවුල් වල හිටපු, රත්තරන් මිරිවැඩි සඟල් පයේ දාපු, රත්තරන් භාජන වල ආහාරපාන අනුභව කරපු අය සතර අපාය ගැන භය වෙලා, සංසාරය ගැන භීතියට පත්වෙලා, මැටි පාත්තරයක් අරගෙන, ගෙයක් ගෙයක් ගානේ ගිහිල්ලා මොනවහරි ලැබෙන දෙයක් වළඳලා යථාර්ථය දකින්න අමු සොහොනටයි ගියේ.

අමුසොහොන කියන්නේ මොනතරම් ගන්දස්සාර තැනක්ද. දැන් ඔය නව සීවථිකයේ විස්තර වෙන්නේ සත්තු ඇවිල්ලා කනවා, කාක්කෝ ඇවිල්ලා කනවා, ගිජුලිහිණියෝ කනවා. එහෙන් කුණු ගඳ. ඒ මැද්දෙන් ගිහිල්ලා විමසලා බලලා, ඒ අරමුණ අරන් ඇවිල්ලා තමන්ට මෙතෙක් කල් තිබ්බච්ච සුභ සංඥාව අනිත් පැත්ත හරවගන්නවනෙ. ඒක සුළුපටු වීරියක් නෙමෙයි. ඒක මහා පින්වන්තයන්ට උරුම වෙච්ච එකක්. දැන් කාලේ නිකම් අසුභය කථා කළත් මේ මිනිස්සු අන්දමන්ද වෙලා, තක්කු

මුක්කු වෙලා 'හප්පේ ඕවා කථා කරලා කොහොමද?' කියලා නිකම් කේඬෑරි වෙලා පසුබහිනවා. මොකද හේතුව, මේ යථාර්ථයට මූණ දෙන්න ශක්තිය නෑ.

මිනිසුන්ගේ පින මෝරපු යුගය....

දැන් බලන්න අපගේ මහබෝසතාණන් වහන්සේ වෙස්සන්තර ආත්මභාවේ මහපොළව හත් වතාවක් කම්පා කරමින් දානමාන දීලා, සන්තුසිත දිව්‍ය රාජයා වෙලා උපන්නනෙ. තිසි කාලයේදී දෙවියන් බ්‍රහ්මයන් ඇවිල්ලා ආරාධනා කළා 'මිනිස් ලොව උපදින්න දැන් කාලය හරි' කියලා. මොකක්ද ඒ තිසි කාලය? මිනිස්සුන්ගේ පින මෝරපු කාලය. දැන් මුකුත් නෑ. ආයෙමත් මිනිස්සුන්ගේ ඒ විදිහට පින මෝරපු කාලයක් එන්නේ මිනිස්සුන්ගේ ආයුෂ අවුරුදු අසූදාහට නැග්ග කාලෙට. දැන් ඉඳන්ම ධර්මාවබෝධය සඳහා යම්කිසි වීරිය ගත්තොත් ඒ වෙද්දි අපේ පිනත් මෝරලා තියෙන්න පුළුවන්. නැතුව මේක ප්‍රාර්ථනාවකින් වෙන්නෙ නෑ.

දැන් මේ අපි ඉගෙන ගත්තේ රූපස්කන්ධය ගැන. මතක තියාගන්න රූපස්කන්ධය කියන්නේ සතර මහාභූතත් සතර මහා භූතයන්ගෙන් හටගත්තු දේත්. මේකට ඇලී වාසය කිරීම තමයි රූපඋපාදානස්කන්ධය කියන්නේ කියලා තේරුම් ගන්න. ඊළඟට වේදනා උපාදානස්කන්ධය. බුදුරජාණන් වහන්සේ වදාරනවා **කතමාච භික්ඛවේ වේදනා?** මහණෙනි, විඳීම් කියන්නේ මොනවද? **ඡයිමේ භික්ඛවේ වේදනාකායා** මහණෙනි, වේදනාවල් සයකි. මෙතන උන්වහන්සේ කායා කියන වචනය පාවිච්චි කරන්නේ සමූහ කියන අර්ථයෙන්.

ස්පර්ශය ප්‍රත්‍යය කොට ඇති වේදනාව....

මොනවද ඒ වේදනාවල් සය? **චක්ඛුසම්ඵස්සජා වේදනා** ඇසේ ස්පර්ශයෙන් හටගත් විඳීම, **සෝතසම්ඵස්සජා වේදනා** කනේ ස්පර්ශයෙන් හටගත් විඳීම, **ඝානසම්ඵස්සජා වේදනා** නාසයේ ස්පර්ශයෙන් හටගත් විඳීම, **ජිව්හාසම්ඵස්සජා වේදනා** දිවේ ස්පර්ශයෙන් හටගත් විඳීම, **කායසම්ඵස්සජා වේදනා** කයේ ස්පර්ශයෙන් හටගත් විඳීම, **මනෝසම්ඵස්සජා වේදනා** මනසේ ස්පර්ශයෙන් හටගත් විඳීම.

දැන් අපි මෙහෙම කිව්වොත් ඇසේ ස්පර්ශයෙන් හටගන්නා සැප විඳීම. ඇසේ ස්පර්ශයෙන් හටගන්නා දුක් විඳීම. ඇසේ ස්පර්ශයෙන් හටගන්නා උපේක්ෂා විඳීම කියලා. එතකොට ඇසේ ස්පර්ශයෙන් හටගන්නා විඳීම් කීයක්ද? තුනයි. ඇසේ ස්පර්ශයෙන් හටගන්නා විඳීම් කිව්වහම අපි තේරුම් ගන්න ඕනෙ මේ තුන් ආකාර විඳීම ගැනයි මේ කියන්නේ කියලා. ඔය විදිහට ම කනේ ස්පර්ශයෙන් හටගන්නා විඳීම් තුනයි, නාසයේ ස්පර්ශයෙන් හටගන්නා විඳීම් තුනයි, දිවේ ස්පර්ශයෙන් හටගන්නා විඳීම් තුනයි, කයේ ස්පර්ශයෙන් හටගන්නා විඳීම් තුනයි, මනසේ ස්පර්ශයෙන් හටගන්නා විඳීම් තුනයි. එතකොට ඔක්කොම දහඅටයි.

වේදනාව දිය බුබුළක් වගේ....

නමුත් ඇසේ ස්පර්ශයෙන් හටගන්න විඳීම, කනේ ස්පර්ශයෙන් හටගන්න විඳීම ආදී විඳීම් හය ගැන කියද්දි ඒ ඔක්කොම ඇතුළත් වෙනවා. මේ විඳීම් හය ඉබේ හටගන්නේ නෑ. ස්පර්ශය ප්‍රත්‍යයෙනුයි විඳීම හටගන්නේ.

විඳීම ගැන තේරුම් ගැනීමට බුදුරජාණන් වහන්සේ වදාළ උපමාව මොකක්ද? වැස්ස වෙලාවට ජලාශයකට වතුර බින්දු වැටෙද්දි දිය බුබුළක් හටගන්නවා. ඒ දිය බුබුළ වැඩි වෙලාවක් තියෙන්නෙ නෑ. ඒක බිඳිලා ඊළඟට තව එකක් හටගන්නවා. ඒකත් වැඩි වෙලාවක් තියෙන්නෙ නෑ. ඒක බිඳිලා තව එකක් හටගන්නවා. ඒකත් වැඩි වෙලාවක් තියෙන්නෙ නෑ.

එතකොට දිය බුබුළු වල ස්වභාවය මොකක්ද? හැම තිස්සේම එකක් හටගන්නවා. එකක් නැති වෙනවා. එකක් හටගන්නවා. එකක් නැති වෙනවා. මේ වගේ තමයි ඇසේ ස්පර්ශයෙන් හටගන්න විඳීම, කනේ ස්පර්ශයෙන් හටගන්න විඳීම, නාසයේ ස්පර්ශයෙන් හටගන්න විඳීම, දිවේ ස්පර්ශයෙන් හටගන්න විඳීම, කයේ ස්පර්ශයෙන් හටගන්න විඳීම, මනසේ ස්පර්ශයෙන් හටගන්න විඳීම. ඒ කියන්නේ විඳීම එකම විදිහට තියෙන්නෙ නෑ. වෙලාවකට සැප විඳීම හටගන්නවා. තවත් වෙලාවකට දුක් විඳීම හටගන්නවා.

විඳීම අනිත්‍ය වෙන හැටි....

දැන් අපි කියමු ඔබ යම් කිසි රූපයක් දිහා බල බල සතුටු සිතින් ඉන්නවා. ඉන්නකොට පේනවා තුවාල හැදිච්ච, බොහොම දුකට පත්වෙච්ච, අසරණ කෙනෙක් ඔබ ඉස්සරහින් යනවා. එතකොට ඔබේ සතුට නැති වෙලා යනවා. දුකට පත්වෙනවා. එක්කෝ පිළිකුළට පත්වෙලා ඔබේ තියෙන අර චිත්තප්‍රීතිය නැතිවෙලා යනවා. ඊළඟට අපි කියමු ඔබ බොහෝම සැනසිල්ලේ බණක් හරි, පිරිතක් හරි අහගෙන ඉන්නවා. එතකොට ස්පීකරේකින්

ඇහෙනවා සංගීත සන්දර්ශනයක්. එතකොට ඔබේ අර සතුට නැතිවෙලා ගිහිල්ලා පීඩාවකට පත්වෙනවා.

මේකට වැඩි වෙලාවක් යන්නෙ නෑ. දිය බුබුළක් වගේ ඇතිවෙනවා, නැති වෙනවා. ඒ කියන්නේ සැප සහගත ස්පර්ශයක් ආවහම සැප විඳීම තියෙනවා. සැප සහගත ස්පර්ශය නැති වුනහම සැප විඳීම නැතුව යනවා. දුක් සහගත ස්පර්ශයක් ආවහම දුක් විඳීම තියෙනවා. දුක් සහගත ස්පර්ශය නැතිවුනහම දුක් විඳීම නැතුව යනවා. උපේක්ෂා සහගත ස්පර්ශයක් ආවහම උපේක්ෂා විඳීම තියෙනවා. උපේක්ෂා සහගත ස්පර්ශය නැති වුනහම උපේක්ෂා විඳීම නැතුව යනවා. **ඵස්ස සමුදයා වේදනා සමුදයෝ** ස්පර්ශය හටගැනීමෙන් විඳීම හටගන්නවා.

ස්පර්ශය අවිද්‍යා සහගතයි....

ස්පර්ශය කියලා කියන්නේ එසේ මෙසේ එකක් නෙමෙයි. බොහොම බරපතල එකක්. මොකක්ද ඒ බරපතලකම? **අවිජ්ජා පච්චයා සංඛාරා, සංඛාර පච්චයා විඤ්ඤාණං, විඤ්ඤාණ පච්චයා නාමරූපං, නාමරූප පච්චයා සළායතනං, සළායතන පච්චයා ඵස්සෝ.** එහෙනම් මේ ස්පර්ශය අවිද්‍යා සහගත එකක්. ඒක තමයි බරපතලකම. බුදුරජාණන් වහන්සේ දේශනා කරලා තියෙනවා **අවිජ්ජා නීවරණානං සත්තානං තණ්හා සංයෝජනානං** සත්වයෝ ඉන්නේ අවිද්‍යාවෙන් වැහිලා, අවිද්‍යාවෙන් ආවරණය වෙලා. අවිද්‍යාවෙන් තමන්ගේ ආයතන හයම ආවරණය වෙලා තියෙන්නේ. ඊළඟට තණ්හාවෙන් බැඳිලා.

අපි කලින් ආත්මේ මැරිලා විඤ්ඤාණය චුත වෙද්දි අවිද්‍යාවෙන් වැසුනු තණ්හාවෙන් බැඳුනු

ස්වභාවයෙන් යුතු විඤ්ඤාණයක් තමයි මව්කුසට ආවේ. ඒ ලක්ෂණය දිගටම තියෙනවා. මම ඔබට තේරුම් ගන්න පොඩි උදාහරණයක් කියන්නම්. ඔන්න වල් අඹ පැලයක් තියෙනවා. අපිට මේකට බද්ධ කරන්න ඕනෙ කර්තකොලොම්බන්. අපි මොකද කරන්නේ ඒ වල් අඹ පැලේ කෑල්ලක් කපලා ඒ කඳට කර්තකොලොම්බන් ගහක අංකුරයක් තියලා බඳිනවා.

ලබන ආත්මේ නම් මට මේ දුක් ලැබෙන්න එපා....

ඊටපස්සේ ඔන්න ටික කාලයක් යනකොට ඒ ගහ පැළවීගෙන එනවා. දැන් පැළවෙන්නේ කර්තකොලොම්බන් ගහක්. නමුත් ඒකේ මුල මොකක්ද? වල් අඹ. ඒ වගේ මේ මනුස්ස ලෝකෙ උපන්නට පස්සේ අපිට තියෙන්නේ මනුස්ස ඇහැක්, මනුස්ස කනක්, මනුස්ස ශරීරයක්, මිනිස් හිතක්. නමුත් මේ හැම දේකම මුල මොකක්ද? අවිද්‍යාවත් තණ්හාවත්. ඒ අවිද්‍යාවෙනුත් තණ්හාවෙනුත් හටගත්තු දේවල් තමයි මේ ආයතන හය. මේ ආයතන හයේ තමයි ස්පර්ශය ඇතිවෙන්නේ. එතකොට අවිද්‍යා සහගත ස්පර්ශයකින් තමයි විඳීම හටගන්නේ.

සැප විඳීමක් විඳිනකොට අපි කියනවා 'මට දැන් හරී සතුටුයි... මං හරි සැපෙන් ඉන්නවා... මම දැන් හොඳට නිදුක්ව නීරෝගීව ඉන්නවා...' කියලා. දුක් විඳීමක් විඳිනකොට කියනවා 'මං හරී දුකෙන් ඉන්නේ... මට මේ ඔක්කොම එපා වෙලා තියෙන්නේ...' කියලා. අපි ඒ හැම විඳීමක් ම මමය, මාගේය, මාගේ ආත්මය

කියලා අරගන්නවා. ඊටපස්සේ අපි ප්‍රාර්ථනා කරනවා 'මේ ආත්මේ මං මේ දුක් වින්දට, ලබන ආත්මේ මට මේ දුක් ලැබෙන්න එපා. ලබන ආත්මේ මීට වඩා සැපවත් විදිහට මට ඉන්න ලැබේවා. ලබන ආත්මේ මට මීට වඩා සනීපෙට ඉන්ට ලැබේවා' කියලා.

පහනක් වගේ නිවිලා යනවා....

මේ වගේ අපි ඊළඟ ආත්මෙ ගැනත් බලාපොරොත්තුවක් තියාගෙන මේ ආත්මේ වැළඳගෙන ඉන්නවා. ඊළඟට **ඵස්ස නිරෝධා වේදනා නිරෝධෝ** අවිද්‍යා සහගත ස්පර්ශය නිරුද්ධ වීමෙන් විඳීම නිරුද්ධ වෙනවා. පටිච්ච සමුප්පාදයේ ඒක විස්තර වෙන්නේ කොහොමද? **අවිජ්ජායත්වේව අසේසවිරාග නිරෝධා සංඛාර නිරෝධෝ** අවිද්‍යාව ඉතුරු නැතුව නිරුද්ධ වීමෙන් (අවිද්‍යාව ඉතුරු නැතුව නිරුද්ධ වෙනවා කියන්නේ චතුරාර්ය සත්‍යය ධර්මය ඉතුරු නැතුව අවබෝධ වෙනවා. ඒ කියන්නේ රහතන් වහන්සේ) සංස්කාර නිරුද්ධ වෙනවා.

සංඛාර නිරෝධා විඤ්ඤාණ නිරෝධෝ. සංස්කාරයන්ගේ නිරෝධය නිසා විඤ්ඤාණය නිරුද්ධ වෙනවා. විඤ්ඤාණය නිරුද්ධ වීම නිසා නාමරූප නිරුද්ධ වෙනවා. ඔබ අහල තියෙනවා නේද රතන සූත්‍රයේ තියෙනවා **ඛීණං පුරාණං නවං නත්ථි සම්භවං. ඛීණං පුරාණං** කියන්නේ පැරණි කර්ම ක්ෂයවුනා. **නවං නත්ථි සම්භවං.** අලුතින් හටගැනීමක් නෑ. **විරත්තචිත්තා ආයතිකේ භවස්මිං** අනාගත භවයක් ගැන ඇල්මකුත් නෑ. **තේ ඛීණබීජා** විඤ්ඤාණය නමැති බීජය නැසී ගිහිල්ලා.

අවිරූළ්හිච්ඡන්දා තෘෂ්ණාව උදුරලා දාලා. **නිබ්බන්ති ධීරා යථා අයං පදීපෝ.** උන්වහන්සේලා මේ පහන වගේ නිවිලා යනවා කියනවා.

ස්පර්ශ නිරෝධය කියන්නේ අරමුණු නැතුව ඉන්න එක නෙමෙයි....

එතකොට දැන් අපි කිව්වා අවිද්‍යාව ඉතුරු නැතුව නිරුද්ධ වීමෙන් සංස්කාර නිරුද්ධ වෙනවා. සංස්කාර නිරුද්ධ වීමෙන් විඤ්ඤාණය නිරුද්ධ වෙනවා. විඤ්ඤාණය නිරුද්ධ වීමෙන් නාමරූප නිරුද්ධ වෙනවා. නාමරූප නිරුද්ධ වීමෙන් ආයතන හය නිරුද්ධ වෙනවා. ආයතන හය නිරුද්ධ වීමෙන් ස්පර්ශය නිරුද්ධ වෙනවා. ස්පර්ශය නිරුද්ධ වීමෙන් විඳීම නිරුද්ධ වෙනවා. මෙතන ස්පර්ශය නිරුද්ධ වීමෙන් විඳීම නිරුද්ධ වුනා කියලා කියන්නේ මොකක්ද? නිවන. ඒ කිව්වේ අවිද්‍යා සහගතව ඇතිවෙන පටිච්ච සමුප්පාද ක්‍රියාවලිය නැතිවීම.

ඊළඟට විඳීම නිරුද්ධ වීමේ ප්‍රතිපදාව තමයි ආර්ය අෂ්ටාංගික මාර්ගය. බුදු කෙනෙකුගේ ධර්මයෙන් මිසක් මේක අල්ලගන්න ලෝකයේ වෙන ක්‍රමයක් නෑ. නැත්නම් කෙනෙක් රැවටෙන්න පුළුවන් ස්පර්ශය නිරුද්ධ වෙනවා කියන්නේ අරමුණු නැතුව ඉන්නවා කියන එකයි කියලා. දැන් අපි ගත්තොත් හොඳටම වෙහෙසට පත්වෙලා ඉන්න වෙලාවක ඔන්න අපිට ගැඹුරට සනීපෙට නින්ද ගියා. ඇහැරුනහම ඇඟට පහසුවක් නැද්ද? සනීපයක් නැද්ද? ඊටපස්සේ 'යන්තම් ඇති හොඳ නින්දක් ගියා. දැන් සනීපයි' කියලා කියන අවස්ථාවල් නැද්ද? තියෙනවා. ගැඹුරට නින්ද ගිය වෙලාවට මුකුත් දැනෙන්නේ නෑනේ.

මුළාවෙන්න තියෙන ඉඩකඩ වැඩියි....

එතකොට කෙනෙකුට හිතෙන්න පුළුවන් 'එහෙනම් ස්පර්ශ නිරෝධය කියන්නේ මේ විදිහේ මොකුත් දන්නෙ නැති එකක් ද?' කියලා. සමහර අවස්ථාවලදී භාවනා කරගෙන යනකොට සමහරුන්ට සමාධියක් ඇතිවෙනවා. සමාධිය ඇතිවෙලා ඒ සමාධිය තුළ ඉන්නකොට ඔන්න එකපාරට ම නින්ද ගියා වගේ වෙනවා. එතකොට එයා දන්නෙ නෑ මොකකවත්. අපි කියමු එයා ඒ විදිහට පැයක් හමාරක් නිදි කිරා වැටෙන්නෙත් නැතුව, හොඳට කෙලින් ඉන්නවා. ඒකට කියන්නේ හිත හැංගෙනවා කියලා.

හිත හැංගිච්ච ගමන් එයා අවබෝධ වුනා කියලා රැවටෙනවා. සමහර කෙනෙකුට ඔහොම හිතෙන් බලාගෙන ඉන්න කොට එක පාරට නොදැනී යනවා. සඤ්ඤාව ප්‍රකට නොවී යනවා. (සඤ්ඤාව නිරුද්ධ වෙනවා නෙමෙයි) සඤ්ඤාව ප්‍රකට නොවී ගියහම ඊටපස්සේ දන්නෙ නෑ වෙච්ච දේ. ඊටපස්සේ ඒකට ඇලුම් කරනවා මාර්ගඵල ලැබුවා කියලා. එහෙම සඤ්ඤාව ප්‍රකට නොවී ගියහම ඒකට කියන්නේ අසඤ්ඤ සමාධිය කියලයි. මං මේ කියන්නේ හරි ධර්මයක් අහන්න නොලැබීම නිසා ධර්මය හොයාගෙන යන අයට වෙන දේවල්.

මගඵල අධිෂ්ඨානය....

ඊටපස්සේ මොකද වෙන්නේ, මේ අසඤ්ඤ සමාධිය ඇතිවුනාට අර කෙලෙස් වල ක්‍රියාකාරීත්වයේ අඩුවක් නෑ. නමුත් එයාට දැන් මේක හොයන්න බෑ. මේකට එයාගේ හිත ඇබ්බැහි වුනාට පස්සේ ඔන්න

එයා අධිෂ්ඨාන කරනවා කියමු 'දැන් මගේ හිත සෝවාන් ඵලයට පත්වේවා! සකදාගාමී ඵලයට පත්වේවා! අනාගාමී ඵලයට පත්වේවා!' කියලා. එතකොට අර පුරුද්දට ක්ෂණයෙන් හිත ආපහු අතනට යනවා. ගිහිල්ලා හොඳට සමාධි ඉරියව්වෙන් ඉන්නවා මොකුත් දන්නෙ නෑ. එතකොට එයා හිතන්නේ දැන් මේ මං ඵලයට සමවැදිලා ඉන්නේ කියලයි.

මම මේ කියන්නේ සාමාන්‍යයෙන් යෝගීන්ට මේ කාලේ වෙන දේවල්. ඊටපස්සේ ටිකක් කල් යනකොට මෙයාට තේරෙනවා තරහා යන ඒවා, ආසා කරන ඒවා මේවා ඔක්කොම තමන් තුළ තියෙනවා කියලා. ඊටපස්සේ මෙයා විනිශ්චයකට එනවා 'මගේ යටි හිත නිවන් දැකලා, මේ අලකලංචි ඔක්කොම තියෙන්නේ උඩුහිතේ' කියලා. මට වැරදිලා කියලා හිතන්නේ නෑ. මට ඔය ජාතියේ අය හරියට හම්බ වෙලා තියෙනවා. ඒකට හේතුව තමයි, මේ මාර්ගය පැහැදිලිවම කථා නොකිරීම. ස්පර්ශය නිරෝධයෙන් වේදනා නිරෝධය වෙනවා කියන එක වැරදියට අර්ථ දක්වගෙන.

පුරාණ රාජධානියක්....

ස්පර්ශය නිරුද්ධ වෙන්න නම් අවිද්‍යාව නිරුද්ධ වෙන්න ඕනෙ. ඒ නිසා පින්වත්නි, හොඳට මතක තියා ගන්න. ස්පර්ශය නිරුද්ධ වීමෙන් විඳීම නිරුද්ධ වෙනවා කියලා කියන්නේ අවිද්‍යා සහගත ස්පර්ශය නිරුද්ධ වීමෙන් අවිද්‍යා සහගත විඳීම නිරුද්ධ වීමයි. අවිද්‍යා සහගත විඳීම තිබ්බ්ච ගමන් **වේදනා පච්චයා තණ්හා** තණ්හාව හටගන්නවා. මේ විඳීම නිරුද්ධ වන්නා වූ ප්‍රතිපදාව තමයි ආර්ය අෂ්ටාංගික මාර්ගය. ඒ ආර්ය

අෂ්ටාංගික මාර්ගය තමයි අපට මේ මනුස්සලෝකෙ අහන්න ලැබිච්ච විස්මයජනක, ආශ්චර්ය අද්භූත කථාව.

මේ ආර්ය අෂ්ටාංගික මාර්ගය තමයි බුදුරජාණන් වහන්සේ සොයාගත්තේ. උන්වහන්සේ නගර සූත්‍රයේදී දේශනා කරනවා "මහණෙනි, වනාන්තරයකට පුරුෂයෙක් යනවා. මේ පුරුෂයා ඒ වනාන්තරයේ ඇවිදගෙන යද්දි දකිනවා පුරාණ රාජධානියක නටබුන්, ගල්කණු, පොකුණු, කොරවක් ගල්, සඳකඩපහන් ආදිය. දැකලා රජ්ජුරුවන්ට ගිහින් කියනවා 'රජතුමනි, පෙර රාජධානියක් තිබිච්ච තැනක් මට හම්බ වුනා' කියලා. එතකොට රජ්ජුරුවෝ කියනවා 'හොඳයි... එහෙනම් ඔබ නැවත ඒ රාජධානිය ගොඩනගන්න' කියලා.

පෙර බුදුවරු ගමන් කළ මාවත....

එතකොට මේ කෙනා ගිහිල්ලා ඒ වනාන්තරයේ තියෙන පැරණි පාරවල්, පැරණි පොකුණු, මාළිගා තිබිච්ච තැන්, ශාලාවල් තිබිච්ච තැන් මේ ඔක්කොම හොයාගෙන ආයෙ කලින් තිබිච්ච විදිහට ම නිර්මාණය කරලා ගන්නවා" බුදුරජාණන් වහන්සේ වදාළා **පුරාණං අඤ්ජසං** මේ ආර්ය අෂ්ටාංගික මාර්ගය පැරණි මාර්ගයක් කියනවා. මේක පෙර බුදුවරු ගමන් කරපු පාරයි කියනවා. ඊළඟට බුදුරජාණන් වහන්සේ වදාරනවා යම්කිසි කෙනෙක් විඳීම කියන්නේ මෙයයි, ස්පර්ශය ප්‍රත්‍යයෙනුයි විඳීම හටගන්නේ, අවිද්‍යා සහගත ස්පර්ශය නිරුද්ධ වීමෙන් විඳීම නිරුද්ධ වෙනවා, ඒ සඳහා තියෙන මාර්ගය ආර්ය අෂ්ටාංගික මාර්ගයයි කියලා අවබෝධ කරගෙන, විඳීම නිරුද්ධ කිරීම පිණිස ප්‍රතිපදාවට බැසගත්තොත් එයා **සුපටිපන්නයි** කියනවා.

යම්කිසි කෙනෙක් ඒක සම්පූර්ණයෙන්ම අවබෝධ කරගෙන වේදනාව කෙරෙහි කළකිරිලා, විරාගයට පත්වෙලා, වේදනාව කෙරෙහි ඇල්ම නිරුද්ධ කරලා, උපාදාන රහිතව නිදහස් වුනා නම් ඒ අයට කියනවා **සුවිමුත්ත** (මනාකොට නිදහස් වූවෝ) කියලා. **යේ සුවිමුත්තා** යමෙක් මනාකොට නිදහස් වූවෝ වෙත්ද, **තේ කේවලිනෝ** ඔවුන් පරිපූර්ණයි. **යේ කේවලිනෝ** යමෙක් පරිපූර්ණ වෙත්ද, **වට්ටං තේසං නත්ථි පඤ්ඤාපනාය** ඔවුන්ට පැනවීමට සංසාරයක් නැත්තේය කියනවා.

බුදු සසුනෙන් බැහැර මේවා අහන්න ලැබෙන්නෙ නෑ....

බුදු කෙනෙක් පහළ වෙලා මේවා දේශනා නොකරන්න අපිට මේවා අහන්නවත් ලැබෙන්නෙ නෑ. සාමාන්‍යයෙන් මෙතෙක් කල් අපිට තිබුනේ බුදු කෙනෙක් පහළ වෙලා හිටියා, උන්වහන්සේ ධර්මය දේශනා කළා කියලා නිකම් පොඩි ඡායාවක් වගේ හැඟීමක්. උන්වහන්සේ දේශනා කළේ මේ වගේ ධර්මයක් කියලා පැහැදිලිව ඉගෙන ගන්න අපට අවස්ථාවක් තිබුනෙ නෑ. නමුත් මේ බුද්ධ දේශනාවල් විස්තර වශයෙන් ඉගෙන ගනිද්දි තමයි අපිට තේරෙන්නේ බුදු කෙනෙක් දේශනා කරලා තියෙන්නේ මේවානේ කියලා. මේ ධර්ම මාර්ගය ගැන හරියට ම දැනගත්තේ නැත්නම් විශාල අමාරුවක වැටෙනවා.

ඉස්සර ධර්මය හොයාගෙන යන කාලේ මම ගියා එක තැනකට. මට එතනින් කිව්වා 'හා... ඔයාට ධර්මය අවබෝධ කරන්න පුළුවන්. හැබැයි මම කියන හැටියට ඉන්න ඕනෙ' කිව්වා. මං ඇහුවා 'ස්වාමීනී, කොහොමද

මං ඉන්න ඕනෙ' කියලා. එතකොට කිව්වා 'ඉස්සෙල්ලාම ඔයාගෙ අත් දෙකත් බැඳලා, කකුලුත් බැඳලා, කටත් බැඳලා තියන්න ඕනෙ' කිව්වා. මං බැලුවා 'යකඩෝ... හරි මාර්ගයක් නේ මේක. අතුත් බැඳලා, කකුලුත් බැඳලා, කටත් බැඳලා මාර්ගය පෙන්නන්නම් කියනවා' මගේ වාසනාවට ඊටපස්සේ මං එතනට ගියේ නෑ. සමහර කෙනෙක් විශ්වාසෙට 'කෝකටත් මේක කරලා බලන්න ඕනෙ' කියලා හිතුවා නම් එහෙම අමාරුවේ වැටෙනවා නේද? එහෙම තැනුත් ලංකාවේ තියෙනවා.

සඤ්ඤාව මිරිඟුවක් වගේ....

දැන් අපි ඉගෙන ගත්තා රූප උපාදානස්කන්ධය ගැනත්, වේදනා උපාදානස්කන්ධය ගැනත්. ඊළඟට විස්තර කරනවා සඤ්ඤා උපාදානස්කන්ධය ගැන. **ඡයිමේ භික්ඛවේ සඤ්ඤාකායා** මහණෙනි, සඤ්ඤා සමූහ හයකි. මොනවද ඒ? **රූප සඤ්ඤා** රූප හඳුනා ගැනීම, **සද්ද සඤ්ඤා** ශබ්ද හඳුනාගැනීම, **ගන්ධ සඤ්ඤා** ගඳසුවඳ හඳුනාගැනීම, **රස සඤ්ඤා** රසය හඳුනාගැනීම, **ඵොට්ඨබ්බ සඤ්ඤා** පහස හඳුනාගැනීම, **ධම්ම සඤ්ඤා** අරමුණු හඳුනාගැනීම.

බුදුරජාණන් වහන්සේ වදාළේ මේ හඳුනාගැනීම මිරිඟුවක් වගේ කියලයි. මිරිඟුවේ ස්වභාවය මොකක්ද? ජලය නැති කට්ට පෑවිල්ලේ ඈතින් වතුර තියෙනවා වගේ පේනවා. නමුත් ළඟට යනකොට වතුර තිබිච්ච ලකුණක්වත් නෑ. එහෙනම් මිරිඟුවෙන් පෙන්නන්නේ සම්පූර්ණයෙන්ම මායාවක්. නැති දෙයක් ඇති හැටියට පෙන්වනවා. ඒක තමයි මේ සඤ්ඤාවේ ස්වභාවය. අපි දිගින් දිගට මේ සසරේ යන්නේ නැති දෙයක් ඇති හැටියට

පෙන්වීම නිසා ඇතිවෙච්ච මුළාවෙන්. මේ මුළාවෙන් ගැලවෙන දවසක් පේනතෙක් මානෙක නෑ.

මුළාවෙන් බේරෙන එක ලේසි නෑ....

වෙන කවුරුවත් මේ මුළාවෙන් තමන්ව බේරන්නෙ නෑ. තමන් ම වීරිය කරලා බේරෙන්න ඕනෙ. ඒකත් එසේ මෙසේ කාර්යයක් නෙමෙයි. බුදුරජාණන් වහන්සේගේ කාලයේ භික්ෂූන් වහන්සේලා තිස් නමක් රහත් ඵලයට පත්වුනා කියලා හිතාගෙන උන්වහන්සේලා බුදුරජාණන් වහන්සේව බැහැදකින්ට ජේතවනාරාමෙට වැඩියා. බුදුරජාණන් වහන්සේ කලින්ම භික්ෂුවක් අතේ පණිවිඩයක් ඇරියා 'දැන්ම මෙහෙට එන්න ඕනෙ නෑ. අමු සොහොනට ගිහිල්ලා පොඩ්ඩක් ඉඳලා එන්න' කියලා. ඉතින් උන්වහන්සේලා බුදුරජාණන් වහන්සේ මොකක්හරි කාරණේකටයි මෙහෙම කියන්න ඇත්තේ කියලා හිතලා අමුසොහොනට වැඩියා.

එදා උදේ අලුත මැරිච්ච ගෑණු ළමයෙක් අමු සොහොනට ගෙනත් දාලා. ඒ මිනිය කන්න සත්තු ටික එකතු වෙලා ඇඳුම් එහෙට මෙහෙට අදිනකොට ශරීරය නිරාවරණය වුනා. අර ස්වාමීන් වහන්සේලාට ඒක දකිනකොට නූපන් රාගය උපන්නා. එතකොටම සිහිය ඉපදුනා 'රහත් කියලා හිතාගෙන හිටියට හැබැවටම අපි රහත් නැනේ. එහෙනම් බුදුරජාණන් වහන්සේ ඒ බව කියන්නයි අපිට මෙතනට එන්න කිව්වේ' කියලා. ඊටපස්සේ එවෙලෙම පැත්තකින් වාඩිවෙලා වීරිය වඩන්න පටන් ගත්තා. බුදුරජාණන් වහන්සේ ඉර්ධියෙන් පහළ වෙලා ධර්මය කිව්වා. රහත් ඵලයට පත්වුනා.

පිහිටට තියෙන්නේ ධර්මය විතරයි....

අද කාලේ කවුද ඒ වගේ තැන් නිදහස් කරලා දෙන්නේ. ඒ නිසා අද අපට පිහිටට තියෙන්නේ ධර්මය විතරමයි. ඊළඟට උන්වහන්සේගේ බෝධීන් වහන්සේ, ධාතූන් වහන්සේලා වැඩ ඉන්න චෛත්‍යය තියෙනවා. එච්චරයි පිහිටට තියෙන්නේ. මේ සඤ්ඤාව හටගන්නෙත් අවිද්‍යා සහගත ස්පර්ශයෙන්. අවිද්‍යාවෙන් වැසුනු, තෘෂ්ණාවෙන් බැඳුනු, ස්පර්ශයෙන් හටගන්න සඤ්ඤාව නිසා මේ මායාවට ගොදුරු වෙනවා. මායාවට ගොදුරු වුනාට පස්සේ බේරෙන්න බෑ. ඒක සුළුපටු ගොදුරු වීමක් නෙමෙයි.

සමහර අමනුෂ්‍යයෝ ඉන්නවා. ඒ අමනුෂ්‍යන්ගේ විමාන ගත්තොත්, අපි හිතමු වෘක්ෂයක් කියලා. වෘක්ෂ දේවතාවා කියලා කියලා අපි කියන්නේ. අපිට හිතෙන්නේ වෘක්ෂ දේවතාවා කියලා කිච්චහම කුරුල්ලෙක් වහලා ඉන්නවා වගේ ඉන්නවා කියලනේ. කුරුල්ලෙකුට නම් අත්තක වහලා ඉඳලා ඕන වෙලාවක ඒ අත්තෙන් පියාඹලා යන්න පුළුවන්නේ. නමුත් සමහර වෘක්ෂ භූතයෝ එහෙම නෙමෙයි. එයාගේ ශරීරය ගිහිල්ලා ගහට උරාගන්නවා. ඊටපස්සේ ඒ ගහත් එක්ක තමයි එයා ඉන්නේ. එතකොට ගහ කැපුවොත් එයාට දැනෙනවා.

අරුම පුදුම ජීවිත....

මට මතකයි එක හාමුදුරු කෙනෙක් මට හම්බ වුනා, ඒ හාමුදුරුවෝ හිටපු ආරණ්‍යයේ තිබ්ච්ච ගහක් කපනකොට ම ඒ ගහෙන් ගැණු එක්කෙනෙක් නැගිට්ටලු. බලන්න ඒ ආත්මවලට ගියාම කොච්චර දුකකට

පත්වෙනවද කියලා. කොච්චර අමාරුවෙන් ද ඉන්නවා ඇත්තේ. ඉර්ධිබලය තියෙන දෙවිවරුන්ට නම් එන්නත් පුළුවන් ඇති, යන්නත් පුළුවන් ඇති ඉර්ධිය නිසා. ඉර්ධිය නැති අය ලාටු ඇලෙනවා වගේ ඇලෙනවා ගිහිල්ලා. එබඳු ස්වභාවයකින් යුක්තයි මේ සංසාරයේ ගමන.

දැන් ඔය මැරිලා මළ පෙරේතයෝ වෙන අයත් එහෙමයි. ඒගොල්ලෝ ඇවිල්ලා ඇඟට රිංගනවා. ආපහු එළියට යන්න බෑ. ඊටපස්සේ ඇඟ ඇතුලට වෙලා, අරයා දෙන දෙයක් කාලා බීලා, අරයගෙ දාඩිය ලෙව කකා, එයාගේ හොටු ටික ලෙව කකා, සෙම ටික ලෙව කකා, ශරීරයේ අනිත් තැන් වලින් වැගිරෙන ජරාව ලෙව කකා ඉන්නවා. මේ ඒ ශරීර ස්වභාව හැදෙනවා ඒ විදිහට. මේ ඔක්කොම වෙන්නේ පින මදි නිසයි. පින් තියෙන කෙනෙකුට එහෙම වෙන්නෙ නෑ. එබඳු ස්වභාවයක් තියෙන ලෝකෙක තමයි මේ සඤ්ඤාවට මුළා වෙලා ඉන්නේ.

හනික ගොරෝසු කයක් මවාගන්න....

ඔබ අහලා ඇති බුද්ධ දේශනාවේ සඳහන් වෙනවා එක දවසක් දෙවි කෙනෙක් එනවා බුදුරජාණන් වහන්සේ මුණගැහෙන්න. ඇවිල්ලා ඒ දෙවි කෙනා පොළවේ හිට ගන්න හදනවා හදනවා, වැලි ගොඩකට තෙල් දැම්මා වගේ මෙයාව පොළවේ ගිලෙනවා. ඊටපස්සේ බුදුරජාණන් වහන්සේ වදාළා 'දෙවිය, හනික ගොරෝසු ශරීරයක් මවා ගන්න' කියලා. එතකොට ඒ දෙවියා ඉක්මනට ගොරෝසු ශරීරයක් මවාගත්තා. ඉතින් ඒ වගේ ශරීර ස්වභාව මේ ලෝකයේ තියෙනවා කියලා අපි දැනගෙන ඉන්න ඕනෙ.

දැන් අපි සඤ්ඤාව ගැනයි කතා කර කර හිටියේ.

අවිද්‍යා සහගත ස්පර්ශයෙන් තමයි මේ සඤ්ඤාව හටගන්නේ. අවිද්‍යා සහගත ස්පර්ශය නිරුද්ධ වුනොත් සඤ්ඤාව නිරුද්ධ වෙනවා. එතකොට සඤ්ඤා විපල්ලාස නැතුව යනවා. එතකොට අසුභ දේ අසුභ වශයෙන් දන්නවා. අනිත්‍ය දේ අනිත්‍ය වශයෙන් දන්නවා. දුක් දේ දුක් වශයෙන් දන්නවා. අනාත්ම දේ අනාත්ම වශයෙන් දන්නවා. අපිට දැන් තියෙන්නේ ඒකේ අනිත් පැත්ත.

සඤ්ඤා විපල්ලාසය....

අනිත්‍ය දේ අපි හිතාගෙන ඉන්නේ නිත්‍යයි කියලා. දුක් දේ අපි හිතාගෙන ඉන්නේ සැපයි කියලා. අනාත්ම දේ අපි හිතාගෙන ඉන්නේ ආත්මයි කියලා. අසුභ දේ අපි හිතාගෙන ඉන්නේ සුභයි කියලා. ඒක සම්පූර්ණයෙන්ම නැති වෙනවා අවිද්‍යාව නැති වෙච්ච ගමන්. අවිද්‍යා සහගත ස්පර්ශයෙන් හටගත්ත සඤ්ඤාව නිරුද්ධ කරන්න තියෙන මාර්ගය තමයි ආර්ය අෂ්ටාංගික මාර්ගය. බුදුරජාණන් වහන්සේ දේශනා කරනවා යම්කිසි කෙනෙක් මේ විදිහට සඤ්ඤාව ගැනත්, සඤ්ඤාවේ හටගැනීම ගැනත්, සඤ්ඤාවේ නිරෝධය ගැනත්, සඤ්ඤාව නිරුද්ධ වෙන මාර්ගය ගැනත් අවබෝධ කරගෙන සඤ්ඤාව නිරුද්ධ කිරීම පිණිස ප්‍රතිපදාවට බැසගත්තොත් ඒ කෙනාට කියනවා සුපටිපන්න කියලා. ඒ අය මේ ධර්ම විනයේ පිහිටලයි ඉන්නේ.

ඉලනාග රජ්ජුරුවෝ....

බුද්ධ කාලයේ හිටපු භික්ෂූන් වහන්සේලා, ගිහි ගෙවල් වල හිටපු අය කොච්චර නම් පිරිසක් මේ මාර්ගය දියුණු කරලා සසරෙන් එතෙර වුනාද..! ඔබ

අහලා තියෙනවද ඉලනාග කියලා රජ කෙනෙක් ගැන. ඒ ඉලනාග කියන රජ්ජුරුවොත් තව රජ කෙනෙක්ව මරලා තමයි රජවුනේ. මහාවංශයේ සඳහන් වෙනවා ඒ රජ්ජුරුවෝ දවසක් තිසාවැවට නාන්ට ගියා. නාලා ඉවරවෙලා වතුරෙන් උඩට ඇවිල්ලා බලද්දි තමන්ගේ වටේ ආරක්ෂාවට හිටපු සේවක පිරිස නෑ. (ඒගොල්ලෝ ලම්බකර්ණ වංශිකයෝ. ලම්බකර්ණ කියන්නේ ඒ කාලේ තිබ්බ්ච එක්තරා වංශයක්) බැලින්නම් ඒ මිනිස්සු ටික ගිහිල්ලා.

රජ්ජුරුවන්ට හොඳටම කේන්ති ගියා. කේන්ති ගිහිල්ලා ආයෙ ඒ මිනිස්සුන්ව ගෙන්නුවා. ගෙන්නලා මහා අව් කාෂ්ටයේ ම මහාවිහාරේ පැත්තට පාරක් කප්පවන්න නියෝග කළා. ඊටපස්සේ රජ්ජුරුවෝ මේගොල්ලෝ හරියට වැඩ කරනවද කියලා බලන්න භාරදුන්නා සැඩොල්කුලේ මිනිස්සුන්ට. ඒ කාලේ ඉතින් එක එක කුල ප්‍රශ්න නේ. ඉතින් ඒ ලම්බකර්ණ වංශිකයන්ටත් රජ්ජුරුවෝ කරපු මේ වැඩේ නිසා හොඳටම තරහ ගියා. ඊටපස්සේ ලම්බකර්ණ වංශිකයෝත් කැරැල්ලක් ගහලා රජ්ජුරුවන්ව හිර කළා මාලිගාවේ කාමරේක.

දැඩි ස්වාමි භක්තියක් ඇති ඇත්රජෙක්....

දැන් රජ්ජුරුවෝ මාලිගාව ඇතුලෙම හිරේ ඉන්නවා. රජ්ජුරුවන්ගේ තව පුංචි පුතෙක් ඉන්නවා. එයාගේ නම චන්දමුඛසිව. රජ්ජුරුවන්ගේ බිසව ඒ චන්දමුඛසිව කියන පුංචි පුතාව දුන්නා කිරිමව්වරුන්ගේ අතට. දීලා කිව්වා "නුඹලා දැන් මේ රාජකුමාරයාවත් අරගෙන මංගල හස්තිරාජයා ගාවට යන්න. ගිහිල්ලා කියන්න 'හස්තිරාජයෙනි, දැන් සතුරන් විසින් තමුන්නාන්සේගේ

ස්වාමියාව මාලිගාවේ හිර කරලයි තියෙන්නේ. මේ පුත්‍රයාත් සතුරන් අතින් මැරුම් කනවට වඩා ඇත්රජා අතින් මැරුම් කෑම උතුම්. ඒ නිසා නුඹ ම මේ පුත්‍රයාව පාගලා මරාපං' කියලා ඇත්රජාට දෙන්න" කිව්වා.

ඊටපස්සේ ඒ කිරිඅම්මාවරු රාජකුමාරයාව අරගෙන ගියා මංගල හස්තිරාජයා ගාවට. ගිහිල්ලා මංගල හස්තිරාජයාට දේවීන් වහන්සේගේ පණිවිඩය කියලා, අර රාජකුමාරයාව ඇතා ඉස්සරහින් තිබ්බා. එතකොට ම ඇතා මහා සංවේගයකට පත්වෙලා, දම්වැල් කඩාගෙන, ඇත්ගාල පෙරලගෙන, බැඳපු කණු පෙරලගෙන, රජ මාළිගාව පැත්තට ගියා. ඇතා කඩාගෙන බිඳගෙන එනවා දැකලා ලම්බකර්ණ වංශිකයෝ දොර වැහුවා.

මහා කපි ජාතකය....

මේ හස්තිරාජයා ඒ වහලා තිබුන දොරත් කඩාගෙන ගියා. ගිහිල්ලා රජ්ජුරුවන්ව පිට උඩ තියාගත්තා. තියාගෙන කෙලින් ම මහාතිත්ථ කියන තැනට ගියා. එතනදි ඒ රජ්ජුරුවෝ දකුණු ඉන්දියාවට පැන්නා. ඇතා එහෙමම බටහිර වෙරළ දිගේ ගිහිල්ලා මලය රටට (කඳු රටට) ගියා. ඒ අතරේ ලම්බකර්ණ වංශිකයෝ තමයි රජකළේ. ඊටපස්සේ ඔන්න රජ්ජුරුවෝ එහෙන් දෙමළ සේනාවක් කුලියට අරගෙන ලංකාවට ගොඩබැස්සා. ගොඩබැස්සේ රුහුණට. එතනදි හම්බ වෙච්ච ස්වාමීන් වහන්සේ නමක් රජ්ජුරුවන්ගේ හිතේ තියෙන කෝපය සංසිඳුවන්න කපි ජාතකය කියාදුන්නා.

'රජ්ජුරුවන් වහන්ස, අපේ බෝසතාණන් වහන්සේ එක්තරා අවස්ථාවක වඳුරෙක් වෙලා උපන්නා. ඊටපස්සේ

මනුස්සයෙක් වතුර වලක වැටිලා ඉන්දෙද්දි අමාරුවෙන් ගොඩට ගත්තා. ගොඩට ගත්තට පස්සේ මේ වඳුරට තියෙන මහන්සියට ඒ මනුස්සයගෙම ඔඩොක්කුවේ ඔළුව තියාගෙන නිදාගත්තා. ඊටපස්සේ මේ මනුස්සයා වඳුරු මස් කන්න හිතලා ඒ වඳුරාගේ ඔලුවට ගලකින් ගැහුවා. ඒත් වඳුරා කෝපයක් ඇතිකර ගත්තේ නෑ. වඳුරා ඉක්මණින් ගහකට නැගලා මේ මනුස්සයා කැලේ අතරමං වුනොත් කියලා ගමට යන්න පාර පෙන්නුවා' කියලා කිව්වා.

වහා වෙනස්වන සුළු සිත....

ඒකෙන් ඒ භික්ෂූන් වහන්සේ මහන්සි ගත්තේ අරගොල්ලන්ට දඬුවම් කරන්ට, පළිගන්ට යන්ට එපා කියලා රජ්ජුරුවන්ට ඒත්තු ගන්නන්නයි. ඉතින් ඒ වෙලාවේ රජ්ජුරුවෝ ඒ ජාතක කථාව අහලා බොහොම පැහැදුනා. නමුත් බලන්න මේ චිත්ත ස්වභාවය. ඊටපස්සේ මොකද වුනේ, දැන් මෙයා දකුණෙනුත් යුධ සේනාව ලෑස්ති කරගෙන පිටත් වුනා. දැන් සේනාව අනුරාධපුරේට කිට්ටු වෙනවා. එතකොට ලම්බකර්ණ වංශිකයෝ භය වුනා. භය වෙලා කල්පනා කළා 'අපිට නම් දැන් ජීවිත දානය ලැබෙන්නෙ නෑ. අපිත් සටනට යං...' කියලා රජ්ජුරුවොත් එක්ක සටනට ආවා.

එතකොට රජ්ජුරුවෝ මොකද කළේ, එකපාරටම අශ්වයා පිටේ ඉඳන් 'මම ඉලනාග රජ්ජුරුවෝ... මමයි තොපේ රජා....' කියලා කෑගැහුවා. ඒ කාලේ රාජාණ්ඩු ක්‍රමේනේ තිබුනේ. එතකොට අර ලම්බකර්ණ වංශිකයෝ ඔක්කොටම විශාල භයක් හටගත්තා. ආයුධ පැත්තකින් තියලා බිම දිගාවෙලා එහෙමම වැඳගත්තා. එතකොට

රජ්ජුරුවෝ 'මුන් ඔක්කෝගෙම හිස ගසා දාපං...' කිව්වා. හිස ගසලා ඒ රජ්ජුරුවන්ගේ කරත්තේ රෝදෙ භාගයක් උසට එන්න සම්පූර්ණ ඔළුගොඩ ගොඩගැහුවා.

මේ රජසැපනේ මුං මට අවුරුදු තුනක් අහිමි කළේ....

ඊටපස්සේ මේ ඉලනාග රජ්ජුරුවෝ මාළිගාවට ගිහිල්ලා ආයෙත් සේසත් නැංවුවා. ආයෙත් දවසක් ඉලනාග රජ්ජුරුවෝ තිසා වැවට නාන්න ගියා. නාලා ගොඩට ඇවිල්ලා ආභරණ පැළඳුවා. පළඳලා තමන්ගේ රාජදේහය දිහා බලද්දි කල්පනා වුනා 'මගේ මේ රජසැපනේ මට මුං අවුරුදු තුනක් විඳින්න දුන්නෙ නැත්තේ....' කියලා ඔන්න ආයෙත් ද්වේශය ආවා. ලම්බකර්ණ වංශිකයෝ ඔක්කෝවම එකතු කරපල්ලා කිව්වා.

එකතු කරලා ඒ ඔක්කෝගෙම නාස් විදලා ලණු දාලා කරත්තෙ ගැටගැහුවා. ගැටගහලා රජමාලිගාවට එනකම් රජ්ජුරුවන්ගේ රාජකීය රථය ඇදගෙන ආවා. ඊටපස්සේ රජ්ජුරුවෝ මාලිගාවේ දොරටුවේ ඉඳලා කිව්වා 'මේ එළිපත්ත මත මුන් ඔක්කෝගෙම හිස ගසා දමාපං' කියලා. එතකොට ඉලනාග රජ්ජුරුවන්ගේ අම්මා කියනවා 'රජ්ජුරුවෙනි, ඕකුන් දැන් ඔබවහන්සේගේ කරත්තේ ඇදගෙන ආවනෙ. ඕකුන් මිනිස්සු නෙමෙයි. ඕකුන් ගොන්නු. ඒ නිසා ඔය ගොන්නුන්ගේ කන් දෙකයි, කුරයි කපලා දාන්න' කියනවා. එවෙලෙම සියලූම දෙනාගේ කන් දෙකයි කකුල් වල ඇඟිලියි කපලා පිටත් කෙරෙව්වා.

උපන් ද්වේශය ප්‍රහාණය කරගන්න බැරිවුනාම වෙන දේවල්....

මේ අපේ රටේ ඉතිහාසයේ වෙච්ච දේවල්. ආභරණ පැළැන්දුවාම විපරීත වෙච්ච සඤ්ඤාව නිසා එකපාරට මතක් වුනා, මට මේ අවුරුදු තුනක් රජ සැපනේ මුන් අහිමි කලේ කියලා. දැක්කා නේද පටන් ගත්තු විදිහ? එතකොට බලන්න මේ උපන්න ද්වේශය ප්‍රහාණය කරගන්න බැරිවුනාම මොනතරම් අකුසල් කන්දරාවක් රැස්වෙනවද. හැබැයි ඒ කාලෙත් ලංකාවේ රහතන් වහන්සේලා වැඩහිටියා. මාර්ගය වඩන සඟපිරිස හිටියා. එතකොට බලන්න, ඒ වගේ සමාජ ප්‍රශ්න මැද්දෙත් ඒවට අත නොදා මේ ධර්මය පුරුදු කරගෙන ගියපු පිරිසක් හිටියා.

බුදුරජාණන් වහන්සේ දේශනා කරනවා යම්කිසි කෙනෙක් සඤ්ඤාව ගැන දැන් මේ කියපු හතර ආකාරයට අවබෝධ කරගෙන සඤ්ඤාව කෙරෙහි ඇල්ම නිරුද්ධ කරලා නිදහස් වුනා නම් ඒ අයට තමයි කියන්නේ **සුවිමුත්ත** (මනාකොට මිදුනු) කියලා. ඒ අය පරිපූර්ණයි. ඒ අයට සංසාරේ යන්න ගමනක් නෑ කියනවා. ඊළඟට බුදුරජාණන් වහන්සේ වදාළා **කතමේ ච භික්ඛවේ සංඛාරා** මහණෙනි, සංස්කාර කියන්නේ මොනවාද? **ඡයිමේ භික්ඛවේ චේතනාකායා.** චේතනා සමූහ සයකි.

සංස්කාර - චේතනාව - කර්මය....

මොනවද ඒ? **රූප සංචේතනා** රූපය මුල් කරගෙන ඇතිවෙන චේතනා. **සද්ද සංචේතනා** ශබ්දය මුල්කරගෙන

ඇතිවෙන චේතනා. **ගන්ධ සංචේතනා** ගඳසුවඳ මුල් කරගෙන ඇතිවෙන චේතනා. **රස සංචේතනා** රසය මුල් කරගෙන ඇතිවෙන චේතනා. **ඵොට්ඨබ්බ සංචේතනා** ස්පර්ශය මුල්කරගෙන ඇතිවෙන චේතනා. **ධම්ම සංචේතනා** හිතට එන අරමුණු මුල් කරගෙන ඇතිවෙන චේතනා. චේතනාව කියන්නේ කර්මය බව අපි දැන් දන්නවා. බුද්ධ දේශනාවේ තියෙන්නේ **චේතනාහං භික්ඛවේ කම්මං** වදාමි කියලා.

කර්මය කියන්නේ විපාක ලබාදෙන දේ. විපාක ලබාදෙනවා තුන් ආකාරයකින්. ඒ තමයි දිට්ඨධම්මවේදනීය, උපපජ්ජවේදනීය, අපරාපරිය වේදනීය. දිට්ඨධම්මවේදනීය කියන්නේ මේ ජීවිතයේම විපාක දෙනවා. උපපජ්ජවේදනීය කියන්නේ ඊළඟ ආත්මේ විපාක දෙනවා. අපරාපරිය වේදනීය කියන්නේ පිරිනිවන් පාන තෙක්, යම්තාක් කල් තමන් මේ සසරේ ඉන්නවාද, ඒ තාක් කල්ම කොයියම් ම අවස්ථාවක හරි මතුවෙලා විපාක දෙනවා. කර්මය එබඳු ස්වභාවයෙන් යුක්තයි.

ඉරිසියාව නිසා මිනිස්සු කරන දේවල්....

බුදුරජාණන් වහන්සේ වදාළේ විඤ්ඤාණය පිහිටලා තියෙනවා කිව්වේ කොහෙද? රූපයේ, වේදනාවේ, සඤ්ඤාවේ, සංස්කාරයේ. එහෙනම් චේතනාවෙත් විඤ්ඤාණය පිහිටා තියෙනවා. ඔන්න කෙනෙක් චේතනා පහළ කරලා හිතනවා 'ආ... හිටපංකෝ... මං ඕකට දෙන්නංකෝ වැඩේ...' කියලා. ඊටපස්සේ මොකද කරන්නේ, ඔන්න පෙත්සම් ගහනවා. ඊටපස්සේ අනිත් අයවත් අවුස්සනවා. මට මතකයි ජේවීපී කලබල කාලේ ඔය ගම් වල හිටපු ඉගෙන ගන්න දක්ෂ ළමයි ගැන,

ගම්වල මිනිස්සුම පොලීසියට ඔත්තු දෙනවා 'අසවල් කෙනා ජේවීපී කාරයෙක්, මෙයා භයානකයි, මෙයාව තියන්න එපා' කියලා.

එතකොට හමුදාවෙන් ඇවිල්ලා ඒ ළමයාව අරන් ගිහිල්ලා මරනවා. නමුත් ඒ ළමයා ජේවීපී කරපු එක්කෙනෙක් නෙමෙයි. එතකොට ඒ හැම එකක් ම එයා චේතනාව පහළ කර කර තමයි කරන්නේ. දැන් අපි කියමු කෙනෙක් තව කෙනෙකුට කියනවා 'මං අතනට ගිහිල්ලා වෙලාව ආවහම ඇහැක් ගහන්නම්. එතකොටම උඹ අරූට වෙඩි තියපං' කියලා. එයා චේතනාව පහළ කරලා ඇහැක් ගහන එක විතරයි කරන්නේ. ඇහැ ගහපු ගමන් අරයා අරහෙන් වෙඩි තියනවා. එතකොට ඇහැක් ගහලා ඉඟිය දීපු එක්කෙනා ඒ පවේ අයිතිකාරයෙක් වෙනවා.

සංස්කාර හටගන්නෙත් ස්පර්ශය නිසයි....

ඒ හැම චේතනාවක් ම වෙන්නේ විඤ්ඤාණයේ ක්‍රියාකාරීත්වයක් එක්කමයි. එතකොට රූපය ගැන චේතනා පහළ කළත්, ශබ්දය ගැන චේතනා පහළ කළත්, ගඳසුවඳ ගැන චේතනා පහළ කළත්, රසය ගැන චේතනා පහළ කළත්, පහස ගැන චේතනා පහළ කළත්, හිතට එන අරමුණු ගැන චේතනා පහළ කළත් ඒ ඔක්කෝම වෙන්නේ ස්පර්ශයෙන්. **ඵස්ස සමුදයා සංඛාර සමුදයෝ** ස්පර්ශය හටගැනීමෙන් තමයි සංස්කාර හටගන්නේ.

ඒ කියන්නේ රූප සඤ්චේතනාව හටගන්නේ ඇසේ ස්පර්ශය නිසයි. ශබ්ද සංචේතනාව හටගන්නේ කනේ ස්පර්ශය නිසයි. ගන්ධ සංචේතනාව හටගන්නේ නාසයේ ස්පර්ශය නිසයි. රස සංචේතනාව හටගන්නේ

දිවේ ස්පර්ශය නිසයි. ඵොට්ඨබ්බ සංචේතනාව හටගන්නේ කයේ ස්පර්ශය නිසයි. ධම්ම සංචේතනාව හටගන්නේ මනසේ ස්පර්ශය නිසයි. අවිද්‍යාවෙන් වැහිලා තෘෂ්ණාවෙන් බැඳිලා තමයි මේ ස්පර්ශය වෙන්නේ.

බද්ධ වෛරය හරිම භයානක දෙයක්....

සමහර ගෙවල් වල එක එක ප්‍රශ්න ඇතිවුනාම, ඒගොල්ලෝ වෛර බැඳගන්නවා. 'මං ලේසියෙන් අතඅරින්නේ නෑ මේක.... මං නයෙක් වෙලා එනවා... පොළඟෙක් වෙලා එනවා... මං යකෙක් වෙලා එනවා... තොපේ බොකු බඩවැල් කනවා...' කියලා එහෙම කියන අය නැද්ද? ඉන්නවා. තොපිව කනවා කියලා කියන අය ඉන්නවා. ඒ මොනවද ඒ පහළ කරන්නේ? චේතනා. එහෙම චේතනා පහළ කරහම සමහරුන්ට යකෙක් වෙන්න බැරිවුනොත් මදුරුවෙක්වත් වෙන්න පුළුවන්. මං තොපේ ලේ බොනවා කියන අය ඉන්නවනෙ. මැරුනට පස්සේ පුළුවන්නේ මදුරුවෙක් වෙලා එන්න. කූඩැල්ලෙක් වෙලා එන්න පුළුවන්නේ. කවුරු වෙලා ඒවිද කියලා අපි කියන්න දන්නෙ නෑ.

ඊළඟට **ඵස්ස නිරෝධා සංඛාර නිරෝධෝ** අවිද්‍යා සහගත ස්පර්ශය නිරුද්ධ වුනොත් සංස්කාර නිරුද්ධ වෙනවා. එහෙනම් හොඳට පැහැදිලිව තේරුම් ගන්න, පංච උපාදානස්කන්ධයේ සංස්කාර කියලා හඳුන්වන්නේ **(ඵස්ස සමුදයා සංඛාර සමුදයෝ)** ස්පර්ශය ප්‍රත්‍යයෙන් හටගන්න චේතනාව. පටිච්ච සමුප්පාදයේ **(අවිජ්ජා පච්චයා සංඛාරා)** සංස්කාර කියන්නේ අවිද්‍යාව ප්‍රත්‍යයෙන් හටගන්න කාය සංස්කාර, වචී සංස්කාර, චිත්ත සංස්කාර. සංස්කාර නිරෝධගාමිනි පටිපදාව තමයි ආර්ය අෂ්ටාංගික මාර්ගය.

කෙහෙල් ගහක අරටුව සොයනවා වගේ....

සංස්කාරයන් ගැන බුදුරජාණන් වහන්සේ දේශනා කළ උපමාව මොකක්ද? මනුස්සයෙක් හොඳ අරටුවක් හොයාගෙන කෙහෙල් වත්තකට යනවා. ගිහිල්ලා පොරවකින් එතන තියෙන හොඳ උස මහත කෙහෙල් ගහක් කපලා, පතුරු ගලව ගලව අරටුවක් හොයනවා. බැලින්නම් ඒකේ අරටුවක් නෑ. එතකොට එයා හිතනවා මේකේ අරටුවක් නැති වුනාට අනිත් එකේ අරටුවක් ඇති කියලා තව ගහක් කපලා බලනවා. ඒකෙත් අරටුවක් නෑ. කෙහෙල් ගස් වල අරටුවක් කොයින්ද?

ඒ විදිහට තමයි අපි 'මේ ආත්මේ නැතිවුනාට ඊළඟ ආත්මේ හරියයි...' කියලා දිගින් දිගට ආත්මෙන් ආත්මේ ආවේ. මේ ධර්මය හම්බ වෙන්න ඉස්සෙල්ලා ඔබට පවා ලබන ආත්මේ ගැන නොයෙක් සිහින තිබුනද නැද්ද මට ලබන ආත්මේ මේවා මේවා ලැබෙන්න ඕනෙ කියලා? සමහර විට මේ ආත්මේ ළමයි නැති අම්මලා අනිත් අම්මලාගේ ළමයි දිහා බලලා 'අනේ මට ලබන ආත්මෙවත් මේ වගේ ළමයි හම්බ වේවා! කියලා පතනවා. මේ ආත්මේ ළමයිගෙන් වධ විඳින අම්මලා, ආදරයෙන් ළමයිගෙන් සැලකුම් ලබන අම්මලා දිහා බලලා 'අනේ ලබන ආත්මේ අර විදිහේ ළමයි මට ලැබේවා! කියලා පතනවා.

ප්‍රාර්ථනා වල කෙළවරක් නෑ....

මේ ආත්මේ සැමියාගෙන් ගුටි කන බිරින්දෑවරු සැමියාගේ ආදරය ලබන බිරින්දලා දැකලා 'අනේ ලබන ආත්මේ මට මේ ජාතියේ සැමියෙක් ලැබේවා! කියලා පතනවා. මේ විදිහට ප්‍රාර්ථනා වල කෙළවරක් නෑ. ලබන ආත්මේ හම්බ වුනත් ඔච්චර තමයි. කර්මානුරූපව සිද්ධ

වෙන දේ ප්‍රාර්ථනා කිරීමෙන් තමන්ට ඕන විදිහට ලබා ගන්න බෑ. දැන් බලන්න අච්චර පින් කරපු අසෝකමාලා අම්මට සැඩොලි කියලා බැනපු එක කොච්චර දුර ගියාද! ඒ වගේම තව තැනක අම්බපාලිගේ අතීත ජීවිතේ ගැන සඳහන් වෙනවා.

එයා කලින් බුද්ධ ශාසනයක පැවිදි වෙලා ඉන්දෙද්දි වෙනත් භික්ෂුණියකට අසනීපයක් නිසා කිවිසුමක් ගියා. කිවිසුමක් ගියාම හොඳට ඇමදලා තිබුන මළුවේ හොටු විසිවුනා. විසිවුනාට පස්සේ මෙයා 'කවුද මේ හොටු දමාපු වෙසඟන?' කියලා ඇහුවා. නමුත් අර භික්ෂුණිය රහත් භික්ෂුණියක්. ආත්මභාව කීයක් නම් ඒක විපාක දුන්නද! කවදාවත් කසාදයක් නෑ. සැමියෙකුගේ ආදරයක් නෑ. දරුවන්ගේ ආදරයක් නෑ. එකම පවුලේ සැනසිල්ලේ බත් ටිකක් උයාගෙන කෑමක් නෑ. වෙසඟනක් හැටියට දිවි ගෙවන්න සිද්ධ වුනා.

කර්ම විපාක අචින්ත්‍යයි....

ඊළඟට තව තැනක තියෙනවා රාජ කුමාරිකාවක් රහත් භික්ෂුණියක් නිවසට දානෙට වැඩපු වෙලාවේ ඒ භික්ෂුණියට මේසෙ උඩ තියෙන භාජනයක් ගේන්න කියලා අණ කරනවා. භික්ෂුණිය කල්පනා කළා 'මං මේක නොගෙනිච්චොත් මා කෙරෙහි හිත අපහදවාගෙන මේ කෙනා නිරයේ යනවා. හැබැයි මං මේක ගෙනිච්චොත් මෙයා උපනුපන් ආත්මේ දාසියක්' කරන්න දෙයක් නෑ, ගෙනිහින් දුන්නා. නිරයේ යනවට වඩා දාසියක් වෙන එක හොඳයිනේ. ගෞතම බුදුරජාණන් වහන්සේ ගේ කාලේ උදේනි රජ්ජුරුවන්ගේ මාලිගාවේ දාසියක්. ඒ තමයි ඛුජ්ජුත්තරා. කර්මානුරූපවමයි මේ ජීවිතේ හැදි හැදී යන්නේ. තමන්

චේතනා පහළ කරලා කරන විදිහට ප්‍රතිඵල එනවා. ප්‍රතිඵල එන රටාව අපිට කියන්න බෑ. බුද්ධ දේශනාවේ තියෙන්නේ ඒක අචින්ත්‍යයයි කියලනේ. අචින්ත්‍යයි කියන්නේ ඒක සිතෙන් සිතලා විසඳගන්න පුළුවන් එකක් නෙමෙයි. ඒ වගේ ස්වභාවයකින් යුතු මේ සංස්කාර නිරුද්ධ කරන්නෙත් ආර්ය අෂ්ටාංගික මාර්ගයෙන්.

සසර ගමනේ අවසානය....

බුදුරජාණන් වහන්සේ දේශනා කරනවා "මහණෙනි, යම් කෙනෙක් මේ විදිහට සංස්කාර ගැනත්, සංස්කාරයන්ගේ හටගැනීම ගැනත්, සංස්කාරයන්ගේ නිරෝධය ගැනත්, සංස්කාර නිරුද්ධ වෙන ප්‍රතිපදාව ගැනත් අවබෝධ කරගෙන සංස්කාරයන් නිරුද්ධ කිරීම පිණිස ප්‍රතිපදාවේ යෙදෙනවා නම් එයාට කියනවා සුපටිපන්න කියලා. එයා මේ ධර්ම විනය තුළ පිහිටලයි ඉන්නේ. යම් දවසක එයා සංස්කාරයන් කෙරෙහි ඇල්ම නිරුද්ධ කරලා උපාදාන රහිතව නිදහස් වුනාද, එතකොට එයාට කියනවා සුවිමුත්ත කියලා. එයාට ආයෙත් මේ සසරේ ගමන් බිමන් නෑ" කියලා.

ඊළඟට බුදුරජාණන් වහන්සේ දේශනා කරනවා **කතමඤ්ච භික්ඛවේ විඤ්ඤාණං** මහණෙනි, විඤ්ඤාණය කියන්නේ කුමක්ද? **ඡයිමේ භික්ඛවේ විඤ්ඤාණකායා** විඤ්ඤාණ සයකි. මොනවද ඒ? **චක්ඛු විඤ්ඤාණං** ඇසේ විඤ්ඤාණය. **සෝත විඤ්ඤාණං** කනේ විඤ්ඤාණය. **ඝාන විඤ්ඤාණං** නාසයේ විඤ්ඤාණය. **ජිව්හා විඤ්ඤාණං** දිවේ විඤ්ඤාණය. **කාය විඤ්ඤාණං** කයේ විඤ්ඤාණය. **මනෝ විඤ්ඤාණං** මනසේ විඤ්ඤාණය. ඔබ කලින් ඉගෙන ගත්තා මේ විඤ්ඤාණයේ ක්‍රියාකාරීත්වය මායාකාරීයි කියලා.

ගිනි ගොඩවල් වල උපමාව....

මේ විඤ්ඤාණය රූපයත් එක්කත් සම්බන්ධයි. විඳීම එක්කත් සම්බන්ධයි. හඳුනාගැනීම එක්කත් සම්බන්ධයි. චේතනාව එක්කත් සම්බන්ධයි. මොකද හේතුව, විඳීම - හඳුනාගැනීම - චේතනාව කියන තුනම හටගන්නේ ස්පර්ශය ප්‍රත්‍යයෙන්. ස්පර්ශය කියන්නේ අභ්‍යන්තර ආයතනත්, බාහිර ආයතනත් සමග විඤ්ඤාණය එකතුවීම. එහෙනම් විඳිද්දි හඳුනාගනිද්දි චේතනා පහළ කරද්දි එතන විඤ්ඤාණයේ ක්‍රියාකාරීත්වය තියෙනවා. විඤ්ඤාණයේ ස්වභාවය හරියට ගින්න වගේ.

දැන් අපි ගත්තොත් ගිනි ගොඩවල් හයක් තියෙනවා කියමු. එක ගිනි ගොඩක් ඇවිලෙනවා දර වලින්. තව ගිනි ගොඩක් ඇවිලෙනවා කඩදාසි වලින්. තව ගිනි ගොඩක් ඇවිලෙනවා දහයියා වලින්. තව ගිනි ගොඩක් ඇවිලෙනවා ගොම වලින්. දර වලින් ඇවිලෙන ගින්නට අපි කියනවා දර ගින්න කියලා. දහයියා වලින් ඇවිලෙන ගින්නට අපි කියනවා දහයියා ගින්න කියලා. කඩදාසි වලින් ඇවිලෙන ගින්නට අපි කියනවා කඩදාසි ගින්න කියලා. ඒ කොයි ගින්නෙත් ස්වභාවය එකයි. නමුත් ඒ ඒ ගින්න ඇවිලෙන්න උපකාර වන දේ නමින් ඒ ඒ ගින්න හඳුන්වනවා.

ආයතන හයේ විඤ්ඤාණය....

අන්න ඒ වගේ විඤ්ඤාණය හටගත්තේ ඇසේ නම් ඒකට කියනවා ඇසේ විඤ්ඤාණය කියලා. විඤ්ඤාණය හටගත්තේ කනේ නම් ඒකට කියනවා කනේ විඤ්ඤාණය කියලා. විඤ්ඤාණය හටගත්තේ නාසයේ නම් ඒකට කියනවා නාසයේ විඤ්ඤාණය කියලා. විඤ්ඤාණය

හටගත්තේ දිවේ නම් ඒකට කියනවා දිවේ විඤ්ඤාණය කියලා. විඤ්ඤාණය හටගත්තේ කයේ නම් ඒකට කියනවා කයේ විඤ්ඤාණය කියලා. විඤ්ඤාණය හටගත්තේ මනසේ නම් ඒකට කියනවා මනසේ විඤ්ඤාණය කියලා.

ගින්නේ ස්වභාවය තමයි ඒ ගින්න ඇවිලෙන්න උපකාර වන දේවල් තියෙනකම් ඒ ගින්න නොනිමී දැල්වෙනවා. ඇවිලෙන්න උපකාර වන දේවල් නැතිවෙනකොට නිවිලා යනවා. **නාමරූප සමුදයා විඤ්ඤාණ සමුදයෝ** නාමරූපයෙන් තමයි විඤ්ඤාණය හටගන්නේ. වේදනා - සඤ්ඤා - චේතනා - ඵස්ස - මනසිකාර කියන මේ පහට කියනවා නාම කියලා. මෙතන ස්පර්ශය හතරවෙනි තැනට දාලා තියෙන්නේ වේදනා, සඤ්ඤා, චේතනා තුනම හටගන්නේ ස්පර්ශයෙන් නිසයි. මනසිකාරය අන්තිමට දාලා තියෙන්නේ ඒ හතරම හටගන්නේ මනසිකාරයෙන් නිසයි.

නාමරූපයෙන් හටගත් විඤ්ඤාණය....

පඨවි - ආපෝ - තේජෝ - වායෝ කියන සතර මහාභූතත් සතර මහාභූතයන්ගෙන් හටගත්තු දේටත් කියනවා රූප කියලා. මේ නාම - රූප දෙක එකතු වෙච්ච තැන තමයි විඤ්ඤාණය උපදින්නේ. නාමරූප ප්‍රත්‍යයෙන් තියෙන විඤ්ඤාණය උපදින්නේ නාමරූපයෙන් හටගත්තු දෙයක් තුළින්මයි. ඔබ දන්නවා මේ ඇස - කන - නාසය - දිව - කය - මනස කියන ආයතන හය හටගන්නෙත් නාමරූප නිසා කියලා. **නාමරූප පච්චයා සළායතනං.** එතකොට විඤ්ඤාණය හටගන්නවා නම් හටගන්නේ මේ ආයතන හය තුළින් මයි.

ඒක තවත් විස්තර වශයෙන් කියනවා නම්, නාමරූප නිසයි ඇස හටගන්නේ. ඒ නිසා ඇසේ විඤ්ඤාණය

හටගන්නවා. නාමරූප නිසයි කන හටගන්නේ. ඒ නිසා කනේ විඤ්ඤාණය හටගන්නවා. නාමරූප නිසයි නාසය හටගන්නේ. ඒ නිසා නාසයේ විඤ්ඤාණය හටගන්නවා. නාමරූප නිසයි දිව හටගන්නේ. ඒ නිසා දිවේ විඤ්ඤාණය හටගන්නවා. නාමරූප නිසයි කය හටගන්නේ. එතකොට කයේ විඤ්ඤාණය හටගන්නවා. නාමරූප නිසයි මනස හටගන්නේ. ඒ නිසා මනසේ විඤ්ඤාණය හටගන්නවා.

මේ ශරීරය බිත්තර කටුවක් වගේ....

අවිද්‍යාවෙන් වැසුනු, තෘෂ්ණාවෙන් බැඳිච්ච නාමරූපයෙන් හටගන්න විඤ්ඤාණයක් තමයි මේ තියෙන්නේ. එබඳු වූ විඤ්ඤාණයක් තමයි කලින් ආත්මේ චුත වෙලා මේ ආත්මේ මව්කුසකට ආවේ. මව්කුසේදී කර්මානුරූපව ඇස, කන, නාසය, දිව, කය, මනස හැදිලා අපි එළියට ආවා. ඒවා තමයි අපි බත් කව කව, කිරි පොව පොව, පළතුරු කව කව, මේ හැදුවේ. නමුත් කාලයක් ගියාට පස්සේ අපිට මේවා පවත්වන්න අමාරුයි. ටික ටික නාකි වෙනවා, ලෙඩ වෙනවා, ඔත්පල වෙනවා. ඊළඟට ඇක්සිඩන්ට් වෙලා බිත්තරේ පොඩි වුනා වගේ මේ ශරීරය විනාශ වෙලා යනවා. හැබැයි මේකම තමයි අපි සම්පූර්ණ ලෝකය හැටියට හිතාගෙන ඉන්නේ.

මේ ජීවිතේ සම්පූර්ණයෙන් අවබෝධ නොකොට නම් අපිට නිදහස් වෙන්න හම්බ වෙන්නේ නෑ. අඩුගානේ මේ වගේ ස්වභාවයක් තියෙනවා කියලවත් අපි තේරුම් අරන් ඉන්න ඕනෙ. ඊළඟට බුදුරජාණන් වහන්සේ දේශනා කරනවා **නාමරූප නිරෝධා විඤ්ඤාණ නිරෝධෝ** නාමරූප ප්‍රත්‍යයෙන් නම් විඤ්ඤාණය හටගන්නේ, විඤ්ඤාණය නිරුද්ධ වෙන්නේ නාමරූප නිරුද්ධ වීමෙනුයි.

නාමරූප කෙරෙහි තියෙන රාගය නැතිවුනොත් නාමරූප නැතුව යනවා. ඒ සඳහා අවිද්‍යාවත් නැතුව යන්න ඕනෙ. එතකොට විඤ්ඤාණයට පිහිටන්න තැනක් නෑ.

රහතන් වහන්සේලා මනින්න බෑ....

විඤ්ඤාණය නිරුද්ධ වීම පිණිස පවතින ප්‍රතිපදාවත් ආර්ය අෂ්ටාංගික මාර්ගයමයි. එතකොට බලන්න, මේ ලෝකයේ යම් කෙනෙක් දුකින් නිදහස් වුනා නම්, ඒ සියලු දෙනාම මේ ආර්ය අෂ්ටාංගික මාර්ග යේ ගමන් කරලා නේද දුකින් නිදහස් වෙලා තියෙන්නේ. මේකෙන් නිදහස් නොවී හිර වෙලා ඉන්නකම් කෙනෙකුට මොනතරම් කායික දුක් විඳින්න සිද්ධ වෙනවද...! මොනතරම් මානසික දුක් විඳින්න සිද්ධ වෙනවද...!

ඒකයි බුදුරජාණන් වහන්සේගේ ධර්මයේ සඳහන් වෙන්නේ රහතන් වහන්සේලා මනින්න බෑ කියලා. ඇයි මනින්න බැරි? මේ ලෝකයේ කිරුම් මිනුම් ඔක්කොම තියෙන්නේ කෙලෙස් තියෙනකම්, මම ය - මාගේ ය මාගේ ආත්මය කියන මිම්ම තියෙනකම්, පටිච්ච සමුප්පාදය සකස් වෙවී තියෙනකම්. ආර්ය අෂ්ටාංගික මාර්ගය සම්පූර්ණ වීමෙන් යම් කෙනෙක් පටිච්ච සමුප්පාදයෙන් නිදහස් වුනොත් එයාගේ ජීවිතය තුළ පටිච්චසමුප්පාදය වැඩ කරන්නෙ නෑ. එබඳු කෙනාව මනින්න මිම්මක් නෑ.

සංඝයා උදෙසා පුදන දේ මහත්ඵල වෙන්නේ ඒ නිසයි....

බුදුරජාණන් වහන්සේගේ ධර්මය තුළ මේ පෙන්නලා තියෙන දේවල් සාමාන්‍යයෙන් අපට හිතා ගන්න පුළුවන්

දේවල් නෙමෙයි. එච්චරම ගාම්භීර දේවල්. එක දවසක් කොසොල් රජ්ජුරුවෝ බුදුරජාණන් වහන්සේගෙන් ඇහුවා 'සියල්ලෙන්ම නිදහස් වෙච්ච රහතන් වහන්සේගේ ස්වභාවය කොයි වගේද?' කියලා. එතකොට උන්වහන්සේ පිළිතුරු දුන්නා 'රජතුමනි, ගංගා නම් ගඟ ආරම්භ වන තැන ඉඳලා මුහුදට වැටෙන තැන දක්වා තිබෙන වැලිකැට ගණන් කරන්න බෑ වගේ, මහා සාගරයේ මෙච්චර ජලබිඳු ප්‍රමාණයක් තියෙනවා කියලා ගණන් කරන්න බෑ වගේ, රහතන් වහන්සේවත් මනින්න බෑ' කියනවා.

ඒකේ තේරුම තමයි රහතන් වහන්සේලා මනින්න පුළුවන් සීමා ඉක්මවා ගිහිල්ලා. ඒ විදිහට මනින්න පුළුවන් සීමාව ඉක්මවා ගිය කෙනෙකුගේ නාමයෙන් යම් කෙනෙක් මලක් පූජා කළොත්, දානයක් පූජා කළොත්, චෛත්‍යයක් හැදුවොත්, මනින්න පුළුවන් සීමාව ඉක්මවා ගිය කෙනෙකුගේ නාමයෙන් හදපු ස්තූපයකට කෙනෙක් වැඳුම් පිදුම් කළොත් ඒකේ විපාක කොහොම වෙයිද කියලා අපිට හිතාගන්නවත් බෑ. බුදුරජාණන් වහන්සේට, රහතන් වහන්සේලාට පුදන දේවල් මහත්ඵලයි මහානිසංසයි කියන්නේ ඒකයි.

ධර්ම විනයෙහි පිහිටා සිටීම....

බුද්ධ දේශනා වල තියෙනවනෙ සංඝයාට දෙන දානෙ විපාකය (**අනන්තං අප්පමෙය්‍යං වදාමි**) අනන්තයි අප්‍රමාණයි කියලා. ඊළඟට බුදුරජාණන් වහන්සේ දේශනා කරනවා "මහණෙනි, යම්කිසි කෙනෙක් මේ විදිහට විඤ්ඤාණයත් අවබෝධ කරගෙන, විඤ්ඤාණයේ හටගැනීමත් අවබෝධ කරගෙන, විඤ්ඤාණයේ නිරෝධයත් අවබෝධ කරගෙන, විඤ්ඤාණය නිරුද්ධ

වීම පිණිස පවතින ප්‍රතිපදාවත් අවබෝධ කරගෙන ඒ විඤ්ඤාණය කෙරෙහි කළකිරීම පිණිස, නොඇලීම පිණිස, ඇල්ම නිරුද්ධ කිරීම පිණිස ප්‍රතිපදාවේ යෙදෙනවා නම්, ඒ අය **සුපටිපන්නයි**. යමෙක් සුපටිපන්න ද, ඒ අය මේ ධර්මවිනය තුළ පිහිටලයි ඉන්නේ.

යම් කෙනෙක් ඒ විදිහට ප්‍රතිපදාවේ යෙදිලා මේ විඤ්ඤාණය කෙරෙහි අවබෝධයෙන් ම කළකිරිලා, නොඇලිලා, ඇල්ම නිරුද්ධ කරලා බැඳීම් රහිතව නිදහස් වුනාද, ඒ අයට කියනවා **සුවිමුත්තා** (මනාකොට නිදහස් වූවෝ) කියලා. **යේ සුවිමුත්තා** යමෙක් සුවිමුත්ත ද, **තේ කේවලිනෝ** ඔවුන් පරිපූර්ණයි. **යේ කේවලිනෝ** යමෙක් පරිපූර්ණ ද, **වට්ටං තේසං නත්ථි පඤ්ඤාපනාය** ඔවුන්ට පැණවීමට සසර ගමනක් නෑ"

ආර්ය අෂ්ටාංගික මාර්ගයෙන් තොරව මගඵල නෑ....

බුදුරජාණන් වහන්සේ පංච උපාදානස්කන්ධය ගැන මේ උගන්වපු දේවල් අපි සම්පූර්ණයෙන්ම දැනගෙන ඉන්න ඕනෙ. මේ දේශනාවෙන් පැහැදිලි වෙන මේ හැම දේකින් ම නිදහස් වෙන්න තියෙන එකම මාර්ගය මොකක්ද? ආර්ය අෂ්ටාංගික මාර්ගය. අපි ඒ ආර්ය අෂ්ටාංගික මාර්ගය ගැන පහදින්න ඕනෙ. ආර්ය අෂ්ටාංගික මාර්ගයෙන් තොරව මාර්ගඵල නෑ. සමාධියක් ඇතිකර ගත්ත පමණින් කෙනෙක් සම්පූර්ණ වෙන්නේ නෑ. බණ භාවනා කරලා සමාධියක් ඇතිකර ගැනීම අපේ ධර්ම මාර්ගය උදව් කරන දෙයක්.

හැබැයි ඒ ඇතිකරගන්න සමාධිය සම්මා සමාධියක් වෙන්නේ සමාධි පරිෂ්කාර තිබුනොත් විතරයි. සමාධි

පරිෂ්කාර හතක් තියෙනවා. බුදුරජාණන් වහන්සේ සමාධි පරිෂ්කාර හැටියට විස්තර කරන්නේ සම්මා දිට්ඨියේ ඉඳලා සම්මා සතිය දක්වා තියෙන අංග හත. ඒ අංග හත තමයි සම්මා සමාධිය ඇතිකරගන්න උදව් වෙන්නේ. සාමාන්‍යයෙන් හිත එකඟ කරගෙන ඉන්න අය ගොඩාක් ඉන්නවා. මේ ලෝකෙ තියෙනවා එක එක ක්‍රමයට සමාධිය වඩන සිස්ටම්. සමහර ආයතන වල උගන්නනවා ශබ්දය මුල් කරගෙන සමාධිය වඩන්න කියලා. ඒගොල්ලෝ මොකක්හරි මියුසික් එකක් දාලා ඒක අහගෙන ඉන්න කියනවා. එතකොටත් ඒගොල්ලන්ගේ හිතේ සමාධියක් ඇතිවෙනවා. ඒවා අයිති වෙන්නේ මිත්‍යා සමාධියට.

විදර්ශනා ප්‍රතිසංයුක්ත ධර්ම කථාව....

සමහරුන්ව මෝහනය කරනවා. මෝහනය කරාම ඒ මෝහනය මුල් කරගෙන චිත්තේකාග්‍රතාවයක් ඇතිවෙනවා. ඒකත් මිත්‍යා සමාධි. ඒ එකක්වත් සම්මා සමාධි නෙමෙයි. මේ ආර්ය අෂ්ටාංගික මාර්ගයට පිවිසෙන්න මුල් වෙන්නේ සම්මා සමාධිය නෙමෙයි. සම්මා දිට්ඨියයි. සම්මා දිට්ඨිය ඇතිවෙන්න උවමනා කරන විදර්ශනා ප්‍රතිසංයුක්ත ධර්ම කතාව තමයි අපි මේ කතා කරන්නේ. මේක තමයි විදර්ශනා ධර්ම කථාව. මේ කථාව තුළ කියවෙන්නේ අනිත්‍ය වූ දේවල් ගැන, දුක් වූ දේවල් ගැන, අනාත්ම වූ දේවල් ගැන, මම ය, මාගේ ය, මාගේ ආත්මය කියලා ගන්න බැරි දේවල් ගැන.

පටිච්ච සමුප්පාදය තියෙනකම් තමයි කෙනෙක් මේ සංසාරයේ සැරිසරන්නේ. **ඒවමේතස්ස කේවලස්ස දුක්ඛක්ඛන්ධස්ස සමුදයෝ හෝති.** පටිච්ච සමුප්පාදයේ තමයි මේ මුළු මහත් දුක් රාශිය ම හටගන්නේ. දැන් අපි

පංච උපාදානස්කන්ධය ගැන කථා කළානේ. මේ පංච උපාදානස්කන්ධය පටිච්ච සමුප්පාදයෙන් වෙන් වෙච්ච එකක් නෙමෙයි. හැබැයි අපි මේවා වෙන් වෙන් වශයෙන් කතා කරනවා. එතකොට අපි පටිච්ච සමුප්පාදය තුළ පංච උපාදානස්කන්ධය බැලීම නෙමෙයි කරන්න තියෙන්නේ. බුදුරජාණන් වහන්සේ ඒ වෙන් වෙන් වශයෙන් පෙන්වපු දේ, වෙන් වෙන් වශයෙන් බලන එක.

මේවා වෙන් කර කර බලන්නේ ප්‍රඥාවෙන්....

බුදුරජාණන් වහන්සේ මේවා වෙන් කරන්නේ ප්‍රඥාවෙන්. මේ එකක්වත් හැබෑවට වෙන් කරන්න බෑ. මේක නාමයයි මේක රූපයයි කියලා අපි මෙහෙම වෙන් වෙන් වශයෙන් කථා කළාට මේවා හැබෑවට ම වෙන් කරන්න බෑ. ඒ ඔක්කොම එකට තියෙන දේවල්. බුදුරජාණන් වහන්සේ දේශනා කරනවා රූපයෙන් තොරව, වේදනාවෙන් තොරව, සඤ්ඤාවෙන් තොරව, සංස්කාරයෙන් තොරව, විඤ්ඤාණයක ඒමක් - යෑමක් - චුත වීමක් - වැඩීමක් - අභිවෘද්ධියක් මුකුත් නෑ කියලා.

දැන් අපි ගත්තොත් දර ටිකක් එකතු කරලා ගින්නක් ඇවිලුවාට පස්සේ අපිට ගිනි දැල්ලයි, දරයි වෙන් කරන්න බෑනේ. නමුත් අපි මේක ගින්දර, මේවා දර කියලා වෙන් වශයෙන් දකිනවා. වෙන් වශයෙන් දැක්කට ඒක ප්‍රායෝගිකව දෙපැත්තට කරන්න බෑ. ඇයි හේතුව? එක හේතුවක් නිසයි අනිත් එක පවතින්නේ. අන්න ඒ රටාවට තමයි මේ සසරේ තියෙන්නේ. ඒ නිසා මේවා වෙන් කරන්න පුළුවන් දේවල් නෙමෙයි. නාමරූප වෙනම වෙන් කරනවා, සිත කය වෙනම වෙන් කරනවා

කිය කිය මේ ලෝකෙ කථා වෙනවා තමයි. නමුත් ඒ කතා වෙන්නේ ඇත්තටම පුළුවන් දේවල් නෙමෙයි.

යමෙක් පටිච්චසමුප්පාදය දකිනවා නම්, ඔහු ධර්මය දකිනවා....

හැබැයි බුද්ධ දේශනාවේ විස්තර කරලා තියෙනවා මනෝමය ශරීරය මේ ඕලාරික ශරීරයෙන් වෙන් කරනවා කියලා. ඒක වෙනම කතාවක්. එහෙම වෙන් කලා කියලා පටිච්ච සමුප්පාදය පිළිබඳ රටාව වෙනස් වෙන්නේ නෑ. පංච උපාදානස්කන්ධය ගැන අද කියාදීපු මේ විස්තරය තේරුම් ගැනීමට ඔබට මූලිකවම උපකාර වුනේ පටිච්ච සමුප්පාදය නෙමෙයිද? ඒකයි බුදුරජාණන් වහන්සේ වදාළේ 'යම්කිසි කෙනෙක් පටිච්ච සමුප්පාදය දකිනවා නම්, එයා ධර්මය දකිනවා. යම්කිසි කෙනෙක් ධර්මය දකිනවා නම්, එයා බුදුරජාණන් වහන්සේව දකිනවා' කියලා.

මම ඔබට අවස්ථා කීපයකදීම කිව්වා මේක නිකම්ම නිකම් අධ්‍යයනයක් නෙමෙයි, මේක සරණ යෑමක් කියලා. මේ සරණයෑම අපිට හරි විදිහට කරගන්න ලැබුනොත් මේ ආත්මේ, අපිට මේ ලැබිච්ච මනුස්ස ජීවිතේ සාර්ථකයි. නැත්නම් කවදාත් ලැබෙන අසාර්ථක කම තමයි හම්බ වෙන්නේ. රජෙක් වෙලා හිටියත් වැඩක් නෑනේ ලබන ආත්මේ සතෙක් සර්පයෙක් වුනොත්. ඉතින් ඒ නිසා අපටත් මේ ලැබිච්ච දුර්ලභ මනුෂ්‍ය ජීවිතේ සාර්ථක කරගන්න, උතුම් ධර්මය අවබෝධ කරගන්න වාසනාව ලැබේවා!

සාදු! සාදු!! සාදු!!!

❀ ❀ ❀

මහාමේඝ ප්‍රකාශන

www.ingramcontent.com/pod-product-compliance
Lightning Source LLC
Chambersburg PA
CBHW070540030426
42337CB00016B/2291